NOW I KNOW

无师自通

社交礼仪

3版

刘文秀／著

中国法制出版社
CHINA LEGAL PUBLISHING HOUSE

前言

Preface

在人际交往中，礼仪发挥着重要的作用，它并不是随意捏造出来的规则，也不是可有可无的存在，而是我们日常生活中重要的行为规范。只有认识到礼仪的重要性和本质，知道礼仪能够为我们的生活带来多少便利，我们才能够自觉按照礼仪的规范来要求自己，进而遵照礼仪来进行社会活动。

我国自古以来以“礼仪之邦”著称，礼仪就如同血液一样流淌在我们的身体里。良好的礼仪可以展现出我们良好的文化修养和社交能力，对于我们的工作和生活也是多有助益的。

时至今日，人们总会以礼仪上的表现来判断一个人是否有深交的价值。在人际交往过程中，礼仪有着一套已经约定俗成的程序方式，用以表现我们律己敬人的行为，其中涉及穿着、言谈、情商等方面的内容。从个人的修养角度来看，礼仪可以说是评定一个人内在修养和素质的途径之一。从交际的角度来看，礼仪可以被视作人际交往中的一种艺术。从传播的角度来看，礼仪则是人与人相处时沟通的技巧。我们可以将礼仪分为日常礼仪、接待礼仪、政务礼仪、商务礼仪、社交礼仪、服务礼仪、涉外礼仪等很多方面。

在现代生活中，我们每个人都需要很好地掌握礼仪规范，以得体的语言、优雅的仪态、规矩的行为举止作为我们通行社会的凭证。日常生活中遵守礼仪，可以避免我们行差踏错；职场中遵守礼仪，可以让我们走上更平坦的职场之路；商场中遵守礼仪，可以为我们赢得更多的机会……总之，礼仪不仅是一门课程或者一种知识，也不仅是一种涵养或者是一种操守，而且是可以让我们收获信誉、财富、人脉、力量、成功的金钥匙。比如，在面对同等水平的竞争者时，人们更愿意将机会给予那个更懂礼仪的人；在与同龄人相处的过程中，人们会更愿意与那个懂得礼仪的人有更深一步的交往。

礼仪在我们的生活中起着至关重要的作用，但是大多数人对于礼仪的认知只停留在肤浅的层面或者理论基础的层面，在实际生活中并不能将之利用得很恰当，还容易让他人对你产生一种做作的印象。本书旨在以实际案例对读者进行礼仪的正确指导和提示，让人们能够化理论为实践，增强对理论的认知和对实际应用的辨析。

在本书中，每篇中都包括“经典案例”“要点解析”“专家支着”三个模块。其中，“经典案例”是在短小易懂的案例中点明人物所面对的礼仪方面的问题；“要点解析”在于对该礼仪在生活中的运用提出专业的分析；“专家支着”则在于提示在使用该礼仪时需要注意的细节。

本书致力于令读者可以“一册在手，尽知礼仪全攻略”，希望可以成为读者在日常生活和工作中的礼仪宝典，助大家获得更有效的人际交往关系，更平稳的职场发展道路，更自信和得体的气质气场，从而能够迎接每一个成功的可能。

目录

Contents

仪态篇——整体气质是最好的名片

妆容要合理

职场礼仪禁忌多

社交篇——掌握社交礼仪，交际顺利进行

日常社交讲分寸

待客做客需礼貌

沟通篇——一字一句皆“有礼”

电话沟通不可不知的礼仪

面谈交流一定要懂的礼仪

书信邮件往来　不能忽略的礼仪

Chapter 01

仪态篇

——整体气质是最好的名片

妆容要合理

适度对待头发的烫染选择

经典案例：米索是个酷爱时尚的女孩，前几天好朋友要结婚，找米索当伴娘，米索很高兴地答应了。谁知好友结婚当天，米索顶着一头白发出场，顿时大家的眼光都放在了米索身上。办喜事是忌讳白色的，而且还这么抢眼。原本心情激动的好友，心里很是不快，于是，临时找了别人来当伴娘。这件事之后，好友和米索的关系就越来越疏远了。

要点解析：人们追求美的步伐，是永不停歇的。头发，作为人们外在形象的重要组成部分之一，也越来越被重视。染发正是人们追求美丽和青春的产物。然而，染发也要有所顾忌，不可随心所欲，喜欢什么颜色就染什么颜色。不分场合、不计身份、不在乎年龄，随心所欲地为头发染上色彩，结果只能是与染发初衷背道而驰。试想一下，接待客户时，对方看到你的一头艳丽红发，会做何感想？或许会觉得你不专业，也或许会认为你太爱张扬，总之，很难给你好的评价。头发染好了，就会为自己增添很多光彩，如果染得不恰当，就会适得其反。

因此染头发时，一定不要太过夸张，而是要考虑多方因素，恰如其分地染发，为自己增添魅力。

专家支着：头发染色时，应注意哪些因素呢

1. 染发颜色切忌过重，要跟自己的职业、年龄、身份等相配合。

2. 染发忌用多种颜色，染发后，最好只呈现一种颜色。

3. 染发时还要顾忌自己的肤色、发质等，谨慎染发。

使用假睫毛有讲究

经典案例： 女孩天生爱美，小颖也不例外，化妆是她每天出门前必要的流程。但在公司的年度大会上，小颖丢了脸面。当天，原本一切都进展顺利，可她上台发言没说两句，领导就对她一直皱眉头，同事们也窃笑。她感到尴尬所以赶紧说了两句就结束了。下来后，同事才告诉她右边的假睫毛掉了。小颖这才明白大家为什么窃笑了，再想想领导皱眉头的样子，小颖觉得真是丢人。

要点解析： 要知道小小的假睫毛，使用时也是有讲究的。

人们的睫毛有长有短，而从现代的审美角度来看，人们更喜爱长睫毛。为了弥补自己这方面的不足，很多爱美人士化妆时选择用假睫毛为自己增分。假睫毛的使用已经很常见，但并不是所有人都能很好地使用它。假睫毛贴不好，在他人面前脱落，不但使自己的妆容遭到破坏，而且还是一种极为无礼的行为。假睫毛选择过大或过小，抑或不符合自己的眼型，都会有碍美观，给人以虚假的感觉，甚至沦为他人的笑柄。因此，在使用假睫毛时，一定要谨慎。

专家支着： 在使用假睫毛时，应该注意哪些问题呢

1. 选择假睫毛时，应该根据眼型和真睫毛的长短进行选择，使用前要进行适当裁剪。

2. 使用假睫毛时，要保证其质量，确认其牢固性和安全性。

3. 使用假睫毛时，不要从眼头一直贴到眼尾，而应在眼头处留一点空隙，这样看起来比较自然。

4. 或者可以交替使用增长与浓密款的睫毛膏，增加真睫毛的浓密卷翘程度，避免使用假睫毛。

画眼影时需注意什么

经典案例：前几天，朋友邀请贺唯参加一场宴会。因为大多数是业内人士，为了拓展人脉，贺唯便欣然赴约。宴会当天，人人打扮得光鲜照人，举止高雅，谈笑风生。可贺唯一出场，很多人都对她避而远之。贺唯不解，找到朋友询问。一见面，朋友就哈哈大笑。原来，贺唯一直选用黑色眼影，而宴会时穿上了新买的白色裙子。别人一见她不懂搭配，像个熊猫似的，自然远离了。

要点解析：眼妆是女性化妆时的重要组成部分，而眼影则是重中之重。很多女性在日常生活中，都会画上或浓或淡的眼影，以凸显妆容，美化视觉效果。眼影使用恰当，会使脸部具有立体感。目前，眼影的形状和种类多种多样，在选择和使用眼影时，应该多多注意。

有些人因为画眼影时，只图让眼睛显得很大，却忽视了其他因素，结果画成了熊猫眼；有些人看到别人的眼影画得漂亮，不结合自身条件就毫无顾忌地效仿，很容易变得不伦不类；还有些人选择的眼影颜色过于夸张，和服装、气质等不搭配，最终给自己的形象打了折扣。画眼影不可过于随意，一定要结合相关因素进行，这样才能塑造出良好仪容，给他人留下一个好的印象。否则，无论是参加宴会，还是接待客户，或是日常社交，都很难取得成功。

专家支着：眼影是眼妆的重要组成部分，画眼影时需注意以下几点

1. 应根据眼睛的形状大小来画眼影。如小眼睛，应涂上亮色眼影后，在眼线 1/2 处涂上深色眼影；圆眼睛在眼角上部涂深色眼影。

2. 眼影颜色搭配要合适，有层次感，以增加眼部立体效果。

3. 画眼影时，切忌跟风，适合自己的颜色和画法才是最好的。

4. 不同的妆容要搭配不同的场合，如果提前无法预知，可先以颜色较淡的颜色的眼影为主要选择。

底妆并非只以白为美

经典案例：刘莹对自己天生的黑皮肤很是不满，虽然周围朋友一直夸赞这种健康肤色，但刘莹还是觉得女人应该是越白才越美。一次，刘莹去拜访一位新朋友，特意多施了粉，把脸画得很白。到了朋友家，一打开门，朋友吓了一跳，表情很不自然。直到刘莹要离开时，朋友才叮嘱说，她的脸色很差，一定要多注意休息。刘莹听后，尴尬地笑笑，说了声谢谢，便匆匆离开了。

要点解析：很多女性把“白富美”作为自己奋斗的目标，甚至认为“白”则“美”。其实不然。

中国人普遍是黄色皮肤，很多追求美白的女性，都希望摒弃掉这种肤色，于是，涂脂抹粉，在脸上敷上厚厚的一层，像戴了个面具，给人油腻和虚假的感觉。有些女性属于偏黑的肤色，仍执着地追求变白，反而适得其反。尽管对白皙皮肤的追求并没有错，但是需要适度，并非越白越美。通过化妆使皮肤显得过白，容易让他人误认为肤色不健康、身体较弱等，原本的健康美和青春美就消失殆尽了。此外，化妆时太白，给人的第一印象往往不会太好。别人可能会怀疑你做人也很虚伪，喜欢遮遮掩掩，而且不够自信，很难值得信任。其实，女性化妆时不应刻意追求皮肤的白皙，而是应根据肤色、衣服搭配等因素而定。任何肤色都不是缺憾，没有优劣之分。

专家支着：越白并非越美，女性在化妆时应谨记以下几点

1. 要有自信，不过分追求白色皮肤。

2. 应该选择适合自己肤色的化妆品，合理搭配。

3. 涂施粉状化妆品时，不要敷得过厚，应淡浓适宜。

4. 化妆后要注意修容和涂抹腮红，要让脸部有层次感，避免显得过于惨白。

不可随意议论他人的妆容

经典案例：同学聚会上，老同学纷纷到场。相隔十多年，人人脸上都带着喜悦，也带着成熟。作为曾经的班花，杨阳依旧美丽动人。最后一个同学一到，聚会便正式开始了。饭桌前，大家聊得很开心。当说到女人要趁着年轻学会美丽时，杨阳就大肆评论起老同学的妆容来，认为如何如何不对，应该如何如何。都已步入中年的同学当然不愿被她这样奚落，于是，大家都换了话题，没人再愿意和她搭话。

要点解析：每个人都希望展现给他人的是自己最佳的状态和最美的妆容。每个人也希望自己的审美能力和化妆技巧得到他人的赞许，谁都不愿被他人随意议论自己的妆容得体与否。因此，不要随便议论他人的妆容，这是对他人起码的尊重。

随意议论他人的妆容是不礼貌的行为。议论他人本身就不对，而一个人的妆容无疑与一个人的形象相关。由于文化差异或是审美方式的不同，每个人的妆容也不尽相同。随意议论他人妆容，可能会让对方觉得难堪，因此，在日常生活当中一定要注意，不要随意议论他人的妆容。

专家支着：对于他人的妆容，我们该持怎样的态度呢?

1. 要尊重他人，切记不可随意议论他人妆容。

2. 可以和对方多交流化妆的经验，以促进双方学习、改进。

3. 不要紧盯着对方妆容不妥的地方长时间观看，避免让双方都有不舒适感受。

妆容需要及时进行修补

经典案例：不久前，林夏和朋友一起去参加宴会。为了给他人留下美好的印象，临行前，林夏花了很长时间化妆。参加宴会的人很多，大家都忙于应酬。走了一圈，林夏脸上渗出汗水来，林夏并没十分在意，只是用湿巾擦了擦，就又举起酒杯。朋友看见，急忙把她拉到卫生间。

林夏对着镜子一看，才发现自己的妆早就花了。

要点解析：气质优雅的女性，总是能适时适地地补妆，以保持一整天的良好状态。无论是参加舞会、宴会，还是其他集体活动，在这些人群聚集的场合，很容易出汗。如果此时不补妆，很可能就遭到他人的嘲笑和嫌弃。试想，谁愿意和一个妆容不整的人交际呢？如果是重要的宴会，你以这样的形象出现，没有及时补妆，无疑会被疏远和耻笑。在工作时，也同样要注意及时补妆，维护公司的形象。在特定场合，要懂得主动补妆，不要被朋友提醒了，才意识到自己的妆容已经花了。而对方善意的提醒，既会让你感到难堪，朋友也会觉得自己很失礼。

所以，特定场合及时补妆很重要，这样才能保持优雅的姿态和美好的妆容。

专家支着：特定场合及时补妆应注意以下几点

1. 在宴会、舞会等特定场合，要及时检查自己的妆容，发现有残损应及时补妆。

2. 可以准备一个化妆包，将常用的化妆品放入其中，随身携带，方便使用。

3. 若有客人或朋友在场时，补妆应迅速，不应时间过长。

4. 长时间的补妆应当避开人群，在一个人流较少、较为安静、光线较好的地方。

要画出一道与眼睛相配的眉毛

经典案例：张海已经年近三十岁了，却还是没有女朋友。他自己心里着急，家里父母更着急。托了很多人说媒，亲也相了不少次，可就是没有两情相悦的。女方都嫌弃张海的那对稀疏纤细的眉毛，一双大眼睛配上这样的眉毛，有人觉得没男子气概，有人觉得福寿薄。张海自己也没办法。表妹小丽提醒张海，为什么不把眉毛画一画呢？在表妹的一再撺掇下，张海执拗不过，最终尝试了一把。原来稀疏的眉毛变得浓重，配上大眼睛，人显得精神多了。

要点解析：“眉目如画”，说的就是眉毛与眼睛相互配合、协调所展现出的自然端庄的美。女性画眉由来已久。随着时尚潮流的发展，男性画眉也渐成常态。画眉讲究眉型，更讲究与眼睛的配合。不是柳叶眉就适合任何女性，帅气的剑眉也并非适合全部男性。任何东西都是适合自己的才是最好的，画眉同样如此。

与眼睛相配的眉毛可以衬托出一个人的内在气质，给人视觉舒适之感，易给人留下好的印象；反之，眉毛如果不与眼睛相配，就会给人造成视觉差，产生违和感，甚至可能让人觉得你为人做作、轻佻虚伪。画眉毛不与眼睛相配，不仅是化妆的失败，也是礼仪上的失败。妆容的得体与否会影响别人对你个人品位、气质、品行和交际能力的判断。尤其是对于初次交往的人来说，眉妆不当，很可能会让你失去与他人交往相处的机会。

专家支着：以下几点，在画眉时需要注意

1. 眼睛形状、大小不同，眉妆也应该不同，找准最适合自己的眉妆，一定不要忽略眼睛的存在。大眼适合画稍粗的眉毛，眼睛细长，则眉毛也要细长。

2. 和眼睛线条相协调，眼睛上挑，眉毛也要上挑，顺势而下，保证流线的顺畅。

3. 除了眼睛，画眉时最好还要注意脸型和肤色，做到万无一失。

4. 不要一味地追求流行的眉形，只有适合自己的才是最好的。

化妆时要顾及脖子和耳朵

经典案例：小蓝是个漂亮高挑的女孩，平时并不喜欢化妆，也缺乏化妆经验。一次晚会表演上，在同伴强烈的建议下，不擅化妆的小蓝第一次为自己化了浓妆。原本以为，化了妆的自己会更加楚楚动人，可小蓝一上台，台下眼尖的观众一片哄笑。原来，小蓝化妆时只顾及了脸，

而皮肤黝黑的她的耳朵和脖子都暴露在外，形成强烈反差，让人感觉像是戴了一张面具。

要点解析：“面子”固然重要，但呈现在人前的脖子和耳朵也同样不容忽视。女性爱美，就要美得彻底，不能顾此失彼。现代社会越来越多的人注意的是你的细节。不能因为时间少、经验少等原因就粗糙地对待每一次的化妆过程，要懂得突出重点，又不忘顾全整体。

脖子和耳朵与面部紧密相连，因而想要留给他人良好的印象，不仅要有一张美丽的脸，还需要同样美丽的脖子和耳朵相映衬。众所周知，化过妆的皮肤会跟原有肤色产生色差，皮肤的细腻程度也会有所差异，如果这种差异太过明显，被人察觉，那么不仅表明你化妆技巧不合格，也说明你在礼仪上也没有做好。如此，化妆的目的不但没有达到，反而会让人对你产生虚假敷衍的印象，自然化妆也就变成了粉饰。

专家支着：化妆时，应该注意以下几点

1. 化妆要全面，将脖子、耳朵与面部同样对待，注意易被忽略的细节。

2. 化妆时，态度要认真，不能为了省时省事，或是因为脖子和耳朵不是最能凸显自己魅力的地方就偷工减料。而且一定要根据肤色选定底色，切忌出现太大的色差。

3. 化妆到脖子部位时，要与衣服脖领的高低进行恰当衔接。

女性要注意保持指甲油的完好

经典案例：美玲是某公司经理秘书，由于性格外向，为人热情，很受客户和经理的认可。可前不久，在接待一位比自己年长的客户时，美玲却遭到了批评。美玲对指甲油情有独钟，经常染指甲。在接待这位客户时，美玲一如既往地热情礼貌。可忙于工作的美玲没有注意到自己指甲上的指甲油脱落了很多。美玲在给客户递水时，客户极不情愿地接过去却滴水未沾。原来美玲指甲上斑驳的指甲油让对方觉得美玲很不注意卫生，而且也怀疑水不洁净。由此，美玲遭到了经理的批评。

要点解析：涂抹指甲油是为了给自己的手增添一抹亮丽色彩，也是为了提升自己的整体形象。然而如果你的指甲上只剩下一半指甲油，你确信它还能对你有益吗？

作为外在的人工妆饰，指甲油涂抹在指甲上并非十分牢固，往往时隔不久就会脱落。如果不注意的话，刚涂上就会被抹掉。因而平时要特别注意保持指甲油的完好。破损的指甲油会让人觉得不注重仪容，如果你用这双手给对方倒水或是递水果，对方可能会因为担心卫生问题而拒绝接受。造成指甲油脱落的原因有很多，或许是时间久了，自然脱落；也可能是因为指甲油涂抹的不均匀，厚薄不一所导致；也许是触碰到尖锐的物体，导致划损，等等。无论是什么原因，都不要忽视这个细节，因为暴露在外的手往往会受到人们格外的注意。发现指甲上的指甲油有残损，应该及时修补，而不应放置不管。当他人不愿与你握手或是拒绝接下你递来的水杯时，你就会因自己残损了的指甲油而尴尬不已。

专家支着：保持指甲的美丽需要时时呵护，涂抹指甲油时需注意

1. 指甲油涂抹应该均匀，不宜涂满，半月纹处和边缘处应该空出。

2. 指甲油掉落时要用卸甲油卸干净，再重新涂抹。

3. 刚涂完指甲油，手指不宜触碰其他东西，以免指甲油被划损。

4. 刚涂抹完指甲油要注意防护，不要被一些尖锐物品刮坏，使得甲油表面不齐整。

职业妆与宴会妆存在很大差别

经典案例：白露晚上要陪朋友参加一场宴会。因宴会开始的时间离下班时间比较近，为了不迟到，白露早上就化了比较浓艳的晚宴妆。一向低调的她，一到公司，同事们都议论纷纷。而恰好一位客户来公司找经理，坐在最前排的白露只好为他带路。那位客户走了之后，经理把白露叫到办公室，批评白露的妆容有损公司形象，本月的奖金将被扣除。白露不得不委屈地接受。

要点解析：公司和宴会是两个不同的场合，在着装上不应相同，在妆容上也不可混为一谈。

在工作的环境里，所有人都应严肃认真地对待工作，所探讨的都是细致的工作细节和问题，所有的步骤有条不紊，要求精神注意力高度集中。如果在这样的环境里，你以宴会妆出场，或浓妆艳抹，或冷艳高贵，都会与周围环境和氛围形成强烈反差。这样无疑会吸引同事的目光，人们的话题也会转向你。领导会觉得你不重视公司的规定，不能安分地在公司工作，而且还有损公司的形象；同事会觉得你哗众取宠、过分张扬，甚至会因为你打扮得过于靓丽而觉得与你有距离；客户则会觉得公司的管理不严格，风气不正，对你和公司都不会产生好的印象。而宴会则是一个休闲娱乐的场所，需要社交和自我展现。如果你以职业妆出现在这里，别人会觉得你过于死板，没有品位，不懂得生活。如果是跟朋友一起去参加，还会让朋友的魅力值降低，而宴会主人则会觉得你对这次的宴会不够重视，而你自己也容易被当作异类孤立起来，达不到参加宴会的真正目的。

专家支着：不同的场合应选择不同的妆容，职业妆和宴会妆的特点各不相同，应区别对待

1. 工作场合应化职业妆，妆容不宜过于浓艳，色彩不宜太出挑；宴会上，妆容应稍显隆重，符合宴会的环境。

2. 职业妆应凸显干练的特点，宴会妆则适宜凸显优雅、雍容的姿态。

3. 化妆时，还要结合季节、昼夜等区别对待。

吸烟者要注意维护牙齿的整洁

经典案例：王声是某公司公关部经理，经常出席宴会和接待客户，由于常年吸烟，牙齿上积留了烟渍。但王声每次出现在众人面前，一开口，总是露出两排光洁的牙齿。原因是王声每天刷牙的时候对牙齿进行保养，使其保持清洁。无论是朋友还是客户，大家都对他时刻保持的良好形象表示赞同，也很乐意与他交往。处理起工作来，王声往

往也得心应手。

要点解析：人们在展现笑容时，牙齿时常会暴露在外，标准的笑容更是要求露出六颗到八颗牙齿。因此，对于吸烟者来说，保持光洁的牙齿无疑是个挑战。

每个人都希望自己能拥有两排皓齿，这样在与他人交流时，不仅能使自己自信，而且自己更易于被他人接受。长时间吸烟，牙齿上会留有烟渍。黑黄色的烟渍，往往会令他人拒你于千里之外。布满烟渍的牙齿呈现在他人面前，会让人觉得不清洁。同时，这也是一种不礼貌的行为。尤其是对于初次见面的人来说，牙齿不洁净，给人的第一印象是这个人不注重卫生，而且有烟瘾。牙齿洁净与否，会直接影响到自己的形象和他人对你的评价。没有公司愿意录用牙齿歪歪扭扭或是满齿烟渍的人。吸烟者如果每天细心清理牙齿，同样可以使牙齿保持光洁。

专家支着：吸烟者要想去除牙齿上的烟渍，要谨记以下几点

1. 每天刷牙后，可以用毛巾蘸取少量苏打水均匀擦拭牙齿。
2. 为了应急，可以去医院洗牙。
3. 可随身携带一瓶漱口水，经常漱口避免牙渍形成。
4. 当然，最根本的办法是戒烟。

男性蓄须要与自己的形象和职业相吻合

经典案例：某外贸公司经理平时很爱干净，做事雷厉风行，自己的胡子也总是刮得很得体。可出差时，这位经理迷上了艺术，对艺术家的形象很痴迷。于是，自己也学着大艺术家的样子，蓄起了长胡须。出差三个月，回到公司，下属们一时没认出这个“大胡子”，私下都议论纷纷。很多人都觉得他太做作，装文艺。有和他关系不好的甚至向上级打了小报告，认为他不注意个人形象，对公司形象也有影响。

要点解析：自古以来，男性就有蓄须的习惯，“无须不成相”。何况人们一直以“须眉”来代指男子。胡须长得好看，如关公被称为美髯公。

胡须是男子彰显个性、表现风度、张扬自我的方式之一。现如今很多男士都留起了胡须，不仅显示了自己对时尚和潮流的追求，也流露出男子汉气概，增添了男性魅力。然而蓄须也是一门学问，不是所有人都适合留胡须，而且应注意如何得当地选择胡须样式。蓄须不当，不但会让你原有的形象魅力大打折扣，甚至会让人觉得你不懂修饰，不修边幅。胡须的样式，经常会让人联想起蓄须者的生活和职业。白领一般都留简单的短胡须，或干脆不留；体力劳动者，胡须一般较浓；而很多艺术家们更是对“大胡子”感兴趣。有些男士不根据自己的脸型，不顾及自己的职业就随意蓄须，只能适得其反。

专家支着：男性蓄须要想恰当美观，应该注意以下方面

1. 从形象上看，人中较短的人，不宜留上唇胡。嘴小的人上唇胡应留略宽一些。上额窄下颌宽的人，可以留一点络腮胡。下巴尖的人不要留山羊胡，也不适宜只留太宽的上唇胡。

2. 从职业上看，商务来往较多的人，最好不要蓄须。自由职业者和艺术职业者则随意一些。

3. 蓄胡须要注意年龄，不可为了刻意增加成熟度而蓄胡须，以免给人怪异的感受。

男性不可在公共场所袒胸赤膊

经典案例：阿峰平时性格开朗，很受周围同事的欢迎。但是阿峰有一个不好的习惯，就是行为很不拘小节，他总认为男人没必要太在意，但是因此引起了不必要的困扰。那天阿峰上班淋了雨，就趁着午休去公司旁边的服装店买了一件T恤，但他并没有去试衣间更换，而是堂而皇之地直接脱了旧衣服，换上了新衣服。这一幕被午休逛街的女同事们看到了，感觉非常不适。

要点解析：有些男性认为男人不需要像女人一样，过度注意性别问题，所以会在公众场合或者是夏天温度升高后，习惯性地打起赤膊。有

些人是想借机展现一下自己的身材，有些人是为了贪图方便省事，而有些则纯粹是为了纳凉。然而不管是出自何种原因，公众场所赤膊，都只会给自己带来负面影响。

每个人都希望得到他人的尊重。赤膊在男性看来是可接受的事情，对于女性来说，却认为是不雅观的举止。尤其是在公共场所，大家共同所有的空间内赤膊，表明你完全忽视了周围的他人，只为图自己一时之快，是非常自私的表现。而且，公众场合赤膊也是不自重的表现，别人会觉得你的承受能力和忍耐能力差，且不注意自己的形象和隐私。穿衣是人类文明的表现之一，而赤裸着上身不正是不文明的行为吗?

专家支着：为了保持自己的良好形象，男性夏天需要谨记

1. 要随时注意自己的形象，不能只为自己着想，不顾他人感受，尤其是周围有女性、儿童在时，更要有所拘束、收敛。

2. 不要不分场合随意脱换衣服，更不可在公共场所打赤膊。可以选择透气性好的白色衣服，适当用一些防晒保湿的护肤品，并勤洗澡。

3. 可以选择透气性好的衣服，适当用一些防晒保湿等物品，还要注意勤洗澡，保持干净整洁的形象。

着装要适当

穿衣服要注意扬长避短

经典案例：李卉像大多数年轻女孩一样，天天喊着要减肥，减肥两个字几乎成了她的口头禅。但实际上李卉并不胖。除了手臂和大腿有些赘肉之外，整体看起来十分匀称、健康。不过，李卉十分喜欢穿无袖背

心和热裤，每当她如此穿着的时候，就会感慨自己胖得惨不忍睹。确实，这样的穿着暴露了她身材上的所有缺点。令她手臂和大腿上的脂肪无处遁形。后来，李卉向她的闺密取经，闺密告诉她，穿衣服要学会扬长避短。并且，服装的合理剪裁可以掩盖身材缺陷。在闺密的陪同下，李卉买到了适合自己的衣服，穿上之后果然显得苗条了。

要点解析：穿衣不懂得扬长避短并不能说明一个人不拘小节、平易近人，反而会说明他既不自爱、不懂得发现和彰显自己的优点，也不懂得尊重别人、为他人着想。

如果你代表自己的单位出席大型会议，或者作为接待人员迎接友好单位，穿衣不懂得扬长避短就是对自己形象的不负责，对本单位的不尊重，对外单位的不敬。

穿衣不懂得扬长避短是对自身优点和服装本身的浪费，会加重自己的短处在别人心目中的印象，不利于社交。

所以，根据自己身材的特点，穿衣时注意扬长避短，有助于展现更良好的形象。

专家支着：穿衣要想扬长避短，应该做到

1. 肤色较暗的人可以用明亮色彩的服装进行弥补，肤色干净、自然的人可以用深色服装来衬托完美肤色。

2. 脖子短的人可以穿 V 领衣服，从视觉上拉长脖子。

3. 腿粗的人不宜穿贴身剪裁的裤子和短裙。

穿衣搭配要符合大众审美原则

经典案例：夏天的炎热还未退去，风中已能闻到初秋的气息。季节转换之时，穿衣搭配是个大问题，尤其是对于男性来说，十分令人头疼。

都说男人穿衣难，到底有多难？李想深有体会。他发现，男性着装最常见的颜色无外乎就是黑色、灰色，稍微亮点的颜色少有人尝试。和大多数男性一样，黑色是李想最喜欢的颜色，因为对于不精通穿衣搭配

的男士来说，黑色是最保险的颜色。尽管他在颜色上已经尽量少做选择，但多种多样的服装质地还是让他不知道该怎样搭配。他有时会觉得自己穿得很杂乱，但不知道问题出在哪里，这让他十分困扰。

要点解析：很多人穿衣不讲搭配，单看西装、衬衫、领带、皮鞋都很得体，穿到一起却给人一种大杂烩的感觉。不但视觉上令人眼花缭乱，心理上也会让人感觉不舒服。

例如，高级毛料西装配化纤领带，西装的高贵顿时被劣质领带所抵消，你的身份也会同时被领带所贬低。另外，正装西装搭配一件休闲的花衬衣和牛仔风格的皮带，无论是参加正式活动还是参加娱乐活动都不成体统。

所以，穿衣要讲究搭配。服装的质料、颜色、款式以及皮包、手表、腰带等配饰的风格都搭配得和谐、合理，才不算失礼。

专家支着：男士穿衣搭配时应遵循一定的原则

1. 西装、衬衣、领带、皮鞋的颜色应该属于同一个色系，全身上下的颜色应该不超过三种。

2. 正装与休闲装不可混搭。

3. 穿深色服饰时要穿和服装颜色接近的袜子。

4. 不知道如何搭配时，可参考各大时尚杂志或者服装店的搭配，一般都是不太容易出错的。

饰品搭配有哪些讲究

经典案例：琪琪是一个活泼开朗的女生，和大多数年轻女孩一样，她对于时尚元素十分热衷，也爱和朋友出去玩。一天，她受邀参加朋友圈的一个聚会。当精心打扮的琪琪出现在聚会上时，令新朋友们大跌眼镜。且看她当天的打扮：脖子上挂着珍珠长链、白金锁骨项链，左手上戴两个戒指，耳朵上分别戴了两个耳钉、两个耳环，手腕上还不忘左右各戴一串手链。朋友们觉得她整个人走起路来，仿佛能听到铃铛的声音。有几个女孩在互相窃窃私语，对琪琪评头论足。毫无疑问，那天的聚会上只有相熟的朋友和琪琪聊天、玩笑，很少有新朋友来和琪琪打招呼。琪琪感到很疑惑，那天自己并没有什么过分的言谈举止，为什么这么不受欢迎呢？

要点解析：在生活中，往身上堆砌饰品的女性随处可见。这样非但不美，反而十分让人讨厌。

饰品戴得多，别人就会感到你爱慕虚荣，喜好修饰和炫耀。由于你的心思全用在了打扮上，别人会认为你欠缺工作能力。如果以这样的形象去应聘一个氛围严肃的公司，结果必定失败。如果参加宴会和典礼，别人会觉得你肤浅而不愿与你接触。

人们不会看好没有品位、不懂搭配以及外表一团杂乱的人。因此，女性千万不要把自己打扮成饰品杂货铺。

专家支着：饰品搭配时有许多讲究，特别是女性应该合理搭配

1. 女性不要同时佩戴风格反差很大的饰品。

2. 首饰可以成套佩戴，但尽量不要超过三种，每种应该不超过两件。

3. 女性佩戴的饰品应该保证同质同色。

4. 饰品搭配要与整体服装协调，比如职业装就不适合过度浮夸的饰品。

佩戴领带要注意一些讲究

经典案例：刘铭过几天就要参加省公务员面试。对于这次面试，刘铭十分重视。他注意到面试要求是穿正装，于是特意准备了一套蓝黑色的西装。好友告诉他，为了显得庄重，最好再搭配一条领带。但刘铭对领带不怎么重视，他认为领带这个东西既不能取暖，也不能遮羞，系在脖子上又难受,飘在胸前还很不方便。最重要的是,也并没增添什么美观，实在是多余。但为什么人们还在坚持呢？他十分不理解。于是，他在网上查了又查，发现正装佩戴领带，在中国早已成为习惯，甚至成为一种礼仪标准。领带是男性行政人员在挑选衣服时不可忽视的一环。任凭你穿上笔挺的西装、质优的衬衫、铿亮的皮鞋，如果没有配上合适的领带，

你的印象就必定大打折扣。要提升自己自信的男士形象，就要注意领带的陪衬。了解了这些之后，刘铭认认真真地选了一条和自己的西装相配的领带，希望能给面试官留下一个端正、精神的好印象。

要点解析：领带能衬托出一个人的气质和风范，一条不得体的领带会破坏男人的气质和风范。

带着劣质面料的领带去上班和待客，是不敬业、不尊重他人的表现。领带佩戴得不得体，再好的西装和整体搭配都会黯然失色，再得体的举止都无法弥补外表上对别人的失礼。

领带作为西服套装的必备品，起着修饰、点缀、美化西装的重要作用。要选购一条理想的领带，则要从面料、花色、款式、质量等方面去挑选，并且注意与服装相配。

专家支着：为了展现男人的气质和风范，选择领带时要注意

1. 挑选正装搭配的领带时，要选择材料质地与做工都上乘的优质领带。

2. 在办公场合，应选素色领带，如蓝色调、黑色调，不过分张扬，显得含蓄而缜密，突出职业素养。

3. 参加晚会可选用亮色调的领带，因为晚会的灯光相对较暗，一条亮色的领带能够让你显得更加有活力。

选择恰当的皮带可以彰显出个人品位

经典案例：朱先生是一家公关公司的市场部副经理，正亲自去一家很不错的公司洽谈合作事宜。他本来以为这次洽谈会十分顺利，但没想到，即便自己准备了很周全的资料，对方依旧只是考虑的态度。这让朱先生摸不到头脑，后来他私下里询问牵头的人，才知道原来是自己的腰带让对方公司的负责人不喜。朱先生这才意识到，因为出门着急而随便拿了一条偏休闲的腰带，对于正装来说，的确不太合适。尤其是对于他们这种公关公司来说，很容易让对方误会其专业水准。思及此，朱先生

懊恼不已。

要点解析：一条不合时宜的皮带会降低男人的品位，并使其身份也随之降低。

皮带的质地能衬托男性服装，尤其是西装的档次，衬托男人的风度，皮带扣则是皮带的点睛之笔。而劣质皮带只能起到相反的作用。腰带不能系得很松，挂在腹部以下，让人担心它随时可能掉下来，这样系腰带的男人很难获得别人的信任。

另外，皮带颜色要与服装一致，不可随意混搭。要能够与着装风格保持一致，而且颜色、款式也需要在搭配上格外注意。

专家支着：要想提高品位，选择腰带时要注意

1. 腰带的质地应当符合所穿衣服的质地与款式，不一定严格要求是真皮，但起码不应当是劣质产品。

2. 腰带的长度应该比裤子的腰围长 5 厘米左右。

3. 腰带扣的设计应以简洁、大方为原则。

穿着西装要注意几项要领

经典案例：对于陈威来说，迈入职场与在大学中最大的不同就是，曾经只喜欢 T 恤、牛仔裤的他，如今也穿上了一身正式的西装。陈威今年二十四岁，他总觉得正式西装穿在自己身上似乎有些过于成熟，所以更喜欢穿着休闲装上班。

陈威第一次随经理一起出席重要活动，穿了一件浅色休闲西装，而且没有打领带。这对于他来说，已经是一身庄重的打扮。可是临出公司之际，经理的目光扫过他时，还是微微皱了皱眉毛。他看到了经理的表情，又环顾了一下周围的同事，发现大家都身着庄重的正式西装，颜色都颇为沉稳，领带也打得一丝不苟。陈威感到一丝窘迫，并且，在接下来的活动中他也十分不自信，之前的沉稳不知道哪里去了。这一次的经验让陈威意识到，在职场中，穿西装也是有学问的，不可太过随意。

确实，虽然从20世纪80年代开始，华尔街的男职员们已经开始被允许在周五穿休闲装上班，可老派绅士与年轻的金融新锐都必须承认：在动辄上亿的生意面前，人们仍旧愿意相信一个穿着西装的职业人士而不是一个常穿休闲服的人。所以说，好西装仍旧是商务人士的最好招牌。

要点解析：西装的穿着是有学问的，尤其在商务场合，一定要穿得有型有款，马虎不得。在正式场合应穿着面料高档、剪裁合身的深色正式西装，并与领带相搭配，不可着休闲西装。

休闲西装款式多样，色彩丰富，能塑造出轻松活泼、青春活力的形象，可在朋友聚会等轻松的场合穿着，但在正式场合却是不适宜的。

如果你穿休闲西装去谈判，就算你谈判技巧再高，也易产生失败的结局。在正式场合穿休闲西装，既发挥不了休闲西装的作用，又会给别人留下糟糕的印象。

所以，穿西装要分场合，不可乱穿。

专家支着：掌握西装穿着的学问，应该做到

1. 在办公场合应该穿正式的西装或制服套装。

2. 在法庭、葬礼等场合，应穿深色、款式严肃的西装。在婚礼等庆典场合，应穿浅色、款式庄重的西装。

3. 在涉外场合，应穿不犯交往对象禁忌颜色的西装。

男性不可随意戴首饰

经典案例：作为一名“海归”，杨帆无论穿着打扮还是言谈举止都十分新潮。圆领T恤下不时露出闪烁的项链，耳骨上有别致的耳钉，左手中指上还总是戴着情侣对戒。实际上，这样的打扮在日常生活中不足为奇。但杨帆工作的单位略显传统，在工作中这样的打扮难免引起同事的不满。一些作风比较传统的领导对于这个年轻人更是不解：“好好一个男子汉，戴这么多首饰干什么呢？”

要点解析：在当今社会，男性首饰并没有比女性首饰的品种少太多。但男性不分场合、不顾身份地随意佩戴首饰还不如不戴。

商务人士在商务洽谈会上戴一枚超大的金戒指，客户可能会认为他故意炫富，华而不实，在公务访问中戴一条耀眼的金属项链，别人可能会认为他作风不严谨。如果一个股票经纪人戴华丽的领带夹，别人可能会认为他不可信赖。

可见，男性随意戴首饰，也许看起来很漂亮，但不分场合却只能给交际带来负面影响。

专家支着：男性应该根据场合、身份佩戴合适的首饰

1. 公务员、商务人员中的男性不应戴多余的首饰，已婚者可佩戴样式朴素的婚戒，但不要佩戴耳环或者较为夸张或与整体不协调的项链等。

2. 在时尚媒体或娱乐界工作的男性可适当佩戴数量有限的戒指和项链。

3. 在正式场合，男性可使用精致大气的袖扣、皮带扣、领带夹来作为装饰。

女性的高跟鞋不宜鞋跟过高、过细

经典案例：淑琦踏入职场之后，最大的感受就是职场的"路"不好走。这不是说她工作吃力，而是平时总是休闲装、平底鞋，一身街头装扮的她，现在每天都要穿 8 个小时的高跟鞋，走起路来十分辛苦。也难怪，淑琦供职于一家业内知名的公关公司，公司里的女同事对自身形象的要求都十分严格。淑琦的形象不错，但身高勉强算是中等。于是为了追求"气场"，她总是穿着 10 厘米的细高跟鞋。鞋跟太高，走路的时候难免吃力。有时候，同事出于关心会问她："你的脚怎么了？"这样的话让淑琦尴尬得要命，但她也无可奈何。这件事令她非常苦恼。

要点解析：高跟鞋能衬托出女性婀娜的体态，使女性迈出优美的步伐，展现女性魅力。但是，我们需要知道，穿高跟鞋并非鞋跟越细越高就越美。

女性穿鞋跟太高太细的鞋，走路会重心不稳，东摇西晃，且显得身

体比例不太协调。设想一个女新闻记者穿着又细又高的高跟鞋到处采访，人们很难与她进行良好的合作。一个女领导穿着夸张的高跟鞋一步三晃地走上会场的讲台，估计大家都忙着看她狼狈的步态，而不会关注她的职位和威严。

专家支着：女性在选择高跟鞋时，需要一些技巧

1. 女性在社交场合不要穿鞋跟高度在 8 厘米以上的高跟鞋。

2. 女性尽量少穿鞋跟太细的高跟鞋，宜选择较稳当的中等粗度的高跟鞋。

3. 女性穿高跟鞋走路时如果声音太响，可钉鞋掌消除杂音。

言谈举止需讲究

不可与面试官套近乎

经典案例：王凯是个性格外向、热情主动、善于交际的人。不久前，王凯收到一家大公司的面试邀请。面试一开始，一切都很顺利，三位面试官均对他的能力表示赞同。看到主面试官人事经理对自己颇为满意，王凯乘势问道："听口音，经理是 ×× 人吧？"人事经理愣了一下，说道："是的。"王凯："哎呀，太巧了，我也是 ×× 人，咱们可是老乡啊！以后还请多多关照啊！"一时间，两位人事助理都望着人事经理。人事经理当时左右为难，非常尴尬，只能干咳两声，说道："下一位。"

要点解析：面试时，很多人都会走入这样的误区：认为一旦和面试官牵连上"乡情"或"校友情"，面试官就会对自己格外照顾，不好意思淘汰自己。其实，这是一种非常错误的想法。任何有专业精神的面试

官，都不希望应聘者和自己套近乎，他们知道自己是在为公司招聘人才，而不是为自己笼络人脉。

套近乎会让面试官觉得应聘者太过随意，善于钻营，风气不正，以后工作了也难以保证不靠关系上位。尤其是当不止一位面试官面试时，过分对某个面试官套近乎，会让对你有好感的面试官陷入尴尬的境地，甚至影响他以后在公司的发展。如果面试通过，别人会觉得你是凭借关系入选，那位录用你的面试官就会背上任人唯亲的嫌疑。因而即便面试官对你的能力十分认可，对你再有好感，也很难录用你。所以在面试中，永远不要想着与面试官套近乎。

专家支着：想要面试官对你产生好感，不妨试试下面这些方法

1. 对你面试的公司做充分了解，从公司的文化、发展等谈起，寻找你和面试官共同的价值观和工作方法。记住千万不要把面试当作茶会，漫谈私人爱好。

2. 面试时可以顺势稍微夸赞一下主考官，但不要过于奉承，以免让人对你产生“拍马屁”之嫌。

3. 以平等的身份和面试官交谈，不卑不亢，做出即便面试不上也愿和面试官交个朋友的姿态。

交谈时要注意讲话的语调

经典案例：老赵在路上碰到了一个老同学。两人多年不见，十分激动。老赵拍着老同学的肩膀问：“怎么样？过得还好吗？”老同学是个谦虚的人，说道：“还行吧！老婆孩子都能凑合着吃饱穿暖。”然而，老同学的谦虚老赵并没有听出来。老赵叹了口气，以老哥的身份责备道：“你啊，怎么能这么说呢？你得有追求啊！就算自己受累，也不能苦了老婆孩子啊……”老赵这么一说，老同学也好像犯了错似的，只得尴尬地笑了笑。

要点解析：语调是指说话的腔调，表示一句话里声调高低抑扬轻重的配制和变化。谈话是一门艺术，不同的语调表达不同的情感。同样的

一句话，语调不同，意思可能有天壤之别。交谈时，把握好语调，才能让他人清楚准确地理解你的真正意思。重音、声调、速度、停顿等都是影响语调的因素，与他人交谈时，如果自己这些因素运用不当，很可能就会导致交流障碍，甚至产生本可避免的误会。生活中，玩笑被当真，夸赞反招人恨的例子很常见。要避免祸从口出，首先就要学会把握说话的语调，这样才不致被误解或误解他人。

专家支着：交谈时，要正确运用和理解不同语调所表达的含义

1. 交谈对象不同，语调不同。对长辈和儿童声调要低些，语速相对要慢。对面试官，声音要平稳，少停顿，语速平均。

2. 表达的意思不同，语调也不同。心情紧张或命令时，语速较快；心情舒畅时，语速平缓。语句中需要引起他人注意的部分，多会用停顿和重音。情感激烈时，声调相对要高。

谈话时应保持适当距离

经典案例：小梁是某房产公司的售楼人员，刚工作不久，无论是领导的要求还是同事的传授，都归结到一点——热情。一次，一位男士来买房，小梁主动地跑到面前紧挨着顾客。小梁一说话，那名男士就感受到有一股热风吹到了自己的脖颈上，就下意识地回头，结果差点和小梁碰在一起。顾客皱了皱眉头，一句话不说，生气地走了。

要点解析：谈话时如果不注意保持适当距离，谈话很可能就无法继续下去。适当的距离不会让人有压迫感。交谈距离太近或是太远，不仅是不礼貌的行为，还会让你的人际关系变得糟糕。

跟你关系一般的人，谈话时距离太近，会让对方感觉你是在挑衅，自己退也不是，不退也不是；与异性交谈时，距离太近，对方会觉得你是别有用心，会转身离开。相反，距离太远，会让亲朋好友以为自己做了让你不高兴的事，或是你想和他撇清关系。同理，如果在开集体会议时离得太远，领导会觉得你是在躲避自己。

专家支着：谈话时，应根据关系亲疏来确定自己与对方的距离

1. 对于普通朋友而言，可以保持一臂距离，不过分狎昵，也不过分疏离。

2. 如果是与自己关系亲密的亲人、朋友等，一般应保持在半臂或更近一些的距离。

3. 对于异性或初次见面的陌生人，距离应当稍远，保持一臂以上的距离。

肢体动作对谈话会产生影响

经典案例：老李一高兴，说起话来就喜欢肢体动作丰富起来，为此吃了不少亏。老李的儿子不久前交了个女朋友，便带回家看看。老李和妻子准备了丰盛的午餐。儿子和女友向老李敬酒，老李的话就多了，手势也多了起来，一会儿用食指指着自己的儿子，一会儿又指指儿子女友，一会儿拍拍胸脯，一会儿又竖起大拇指，甚至用手拍了拍儿子女友的肩膀。儿子女友尖叫了一声，原本热闹的场面一下子冷清了下来。

要点解析：谈话时打手势，是为了增强说话效果，加强说话感染力，以吸引听众的注意力。潇洒的手势协调、适度，与语言配合得恰到好处，给人以舒适感。相反，手势僵硬或动作过多，不但不会让对方产生美感，反而会令他人反感。在适当的场合对适当的对象做适当的手势是最理想的状态。如果不分对方的身份和职业就贸然动手比画，很容易引起误会。手势也要适度，过分夸张的手势，不但不会增添自己话语的魅力，反而会分散听者的注意力，让对方觉得你轻浮、狂妄。对于异性、陌生人来说，打手势就更要把握好分寸，摒弃不雅观、不礼貌的手势。

专家支着：谈话时，打手势应该注意以下几点

1. 虽然恰当的手势在一定程度上能够帮助表情达意，但交谈中手势无法代替语言，因而平时最好不要用手势，这样会让人觉得稳重。

2. 打手势要分场合。演讲时，适宜用手势辅助语言；对于陌生人或

异性，手势动作幅度应该平缓，且尽量少用或不用。

3. 打手势切忌过分夸张，以免分散对方注意力。

走路姿势是行为举止的一部分

经典案例：小杨到一家公司去面试，但不清楚具体面试地点。一进公司大门，就左瞧右看，晃晃悠悠，走几步感觉不对又退回来。这么一来，公司保安就盯上了他。跑过去抓住他要赶他走，他辩解说自己是来面试的。保安跟人事部打了电话，确认之后才放了他。而小杨自己，也无心面试了。

要点解析：走路时昂首挺胸、目不斜视，总会给人潇洒自若之感；而低头前行，或是脚步拖沓、目光游移，往往让人反感。人们只有在沮丧或无精打采时，才会低头行走。走路目光游移，会让人感到不安全，莫名地就会对你起提防之心，很难取得他人信任。

如果是面试，走路时左瞧右看，招聘方会觉得你好奇心重，为人不实诚；如果是接待客人，脚步拖沓，随意走路，会让客人觉得自己被怠慢，不被尊重；即便是和朋友一起去吃饭，低头走路都会让对方误以为你提不起兴致，一起出来，你并不情愿。

人们往往通过你的走路姿势判断你的情绪和人品。所以，注意自己的形象，不要忘记调整你走路的姿势。

专家支着：走路时的姿势，应该注意

1. 走路时应该目视前方，昂首挺胸，不要四处张望，目光游移。

2. 办公区需要轻声缓行，不要打扰其他人。

3. 陌生环境不要东张西望，应该自然大方地行走。

4. 宴会或典礼上，步伐要轻盈敏捷，不要脚步拖沓。

站立时身体要摆正姿态，不可歪斜、倚靠

经典案例：刘伟最近参加了一项“爱老、敬老”的志愿活动，和同学一起探望一位孤寡老人。老人家里的空间不大，三四个人就满了。而

刘伟走在最后面，跨进屋门时，看到挤不下，刘伟索性就停下来，脚踩着门槛，身子斜靠在门框上。原本是来帮助老人的，不曾想看到刘伟，老人一脸严肃地说："小娃娃，老汉的门可经不起你这样折腾，你们还是回去吧！"其他同学也都责备起刘伟来。

要点解析：《弟子规》中有言："勿践阈、勿跛倚……"说的就是站立时脚不要踩着门槛，身子不要歪斜，倚靠东西。老话说：站有站相，坐有坐相。一个人站立时，就应该像松树，挺拔直立，这样才能给人坚强、向上之感，也才会给人留下好的印象。

身子歪斜地站立着的人往往给人精神不振的印象，难以让人信赖，也就不会把重要的事情交给他来做。没有老板愿意让站立歪斜的人去接待客户，因为会损害企业形象。也没有人愿意让站立歪斜的人站岗做保安，挺胸抬头、站立笔直的人更能显现雄姿，也更有威严。

及时纠正你站立的姿势，在任何情况下，都不要歪斜着身子站立，为自己树立良好形象，给他人留下良好印象。

专家支着：站立时，应注意以下方面

1. 站立时，不要低头，双肩放平，双臂自然下垂或轻放腹部位置，腰部挺直。

2. 肌肉不要紧绷，抬头挺胸，下巴不要抬得过高。

3. 站立时，集中注意力，手中不要把玩手机等物品。

入座时不要将椅子坐得太满

经典案例：思思在某公司做经理秘书，办事很懂分寸，所以很受经理信任。一次，经理临时有事，需要出去一下，让她帮自己接待一位重要的客人。思思举止得体，客人也十分满意。入座时，客人坐在椅子前段，而忙了一天的思思，却不自主地靠着椅背，深坐进去。接下来的谈话，虽然思思仍谈吐自若，但客人却很少回应，草草结束对话后离开。

要点解析：人们在入座时，往往喜欢找一个舒适的姿势坐下。深坐在座位中，背部靠着椅背，可以减轻疲劳，让自己得到放松。但坐满的同时，背部直挺，身体稍微向后仰，双手落在扶手上，呈现一种享受或居高临下的姿态。在私人场所，入座时不需要有太多顾忌。但在正式场合或公共场所，就应该多注意自己是否坐满。如果在接待客人时坐满，不仅是失礼的举动，还会让客人觉得自己被怠慢。和长辈谈话时，也会被认为是不尊重对方的举动。面试官在面试时，如果坐满，应聘者很可能会觉得招聘方瞧不起自己，不把自己放在眼里。而应聘者入座时坐满，面试官就很可能会直接将应聘者刷掉。

因此，如果要表现出对他人的尊敬和自己的谦卑，在入座时，最好不要坐满。

专家支着：入座时，需要注意以下几点

1. 入座时，应坐在椅子的 2/3 处，不应坐满或靠着椅背。

2. 入座后，不要随意扭动身体，不要歪斜、跷二郎腿等。

3. 入座后，应举止文雅，不可用手抱着腿或脚，腿和脚也不要放到椅子扶手上。

Chapter 02

职场篇

——职场礼仪修炼法则

面试礼仪重细节

面试前应将材料准备齐全

经典案例：李明是应届的优秀毕业生，马上要参加一家公司的面试。面试当天，李明一大早起床洗澡、梳头、穿衣。他认为自己形象不错，专业够硬，肯定能被录取。谁知道到了面试公司，公司招聘的负责人说道："请应聘人员上交身份证、学历证、学位证、专业技术资格证书和其他相关证件原件及复印件1份，一寸免冠彩照2张，个人简历1份。简历恕不退还。"其余应聘者纷纷将自己准备好的资料交给负责人员，可李明却忘记带身份证了！他不好意思地询问工作人员能否先应聘，以后再将身份证交过来。工作人员说道："面试这么重要，你却忘记带身份证，那公司怎么敢把重要的事情交给你？"李明坐在走廊冷冰冰的凳子上，看着被念到名字的人一个一个地进入应聘办公室。他明白因为忘带身份证，他失去了这个机会。

要点解析：对于应聘者来说，参加面试时，应聘资料准备不足是十分严重的错误。因为招聘公司已经提醒过你需要带的东西，应聘者忘带一样，都会让招聘公司觉得你做事马虎，难以规划好生活和工作，一般都不会委以重任。何况，应聘资料准备得不充分，也无法在面试官面前更好地展示你的实力和专业。

专家支着：以下几点，是应聘者面试时应该注意的

1. 对于应聘资料，一般需带身份证、学历证、学位证、专业技术资

格证书原件及复印件、一寸免冠彩照、个人简历以及自己的一些获奖证书。照片和复印件可以多带几份，以备不时之需。

2. 出门之前检查一遍，最好是将所有的资料装在一个文件夹里，贴身携带，不要随意乱放。

3. 每个应聘者不光要把资料准备齐全，而且对应聘的任何一个环节都应该小心仔细，考虑周全。

简历内容要规范且详略得当

经典案例：林克的求职简历可谓是遵循了“简”的原则，上面除了自己的个人信息和教育信息，就没有其他任何信息了。因此，在投出简历的两个月时间内，林克没有接到任何招聘公司的面试通知。同寝室的舍友看了他的简历后，告诉他：“简历就是要把你的优点都展示出来，让招聘公司一看到这份简历就觉得你比其他人厉害，比其他人更适合做这份工作。你这样简略，谁会知道你有什么能力？你不是大三的时候得过大学生创业比赛的冠军吗？要把这些都写上去，这样可以显示你的能力。”林克听了室友的话，对自己的简历进行了修改，把自己擅长的项目、得到过的奖项、平时的爱好都加了上去，还附上了自己得奖后的照片。没过多久，他就收到了面试通知。

要点解析：只有基本信息的简历如同名片一样，不能足以让别人认识你。简历上的信息过于简略，会让他人觉得你为人不够负责，不够注意自己的形象。再者，简历太过简略，会让招聘公司认为你对该份工作无所谓，这是对招聘公司的不尊重。

专家支着：简历内容想要规范且详略得当，应该注意

1. 主要叙述求职者的客观情况，浓缩求职者经历的精华部分，将相关的经验、业绩、能力、性格等简要地列举出来，以达到向招聘公司推销自己的目的。

2. 除了学习经历，如果有工作或实习经历，也应该在简历上写出来，

阐述上一个工作对自己的影响。同时，对个人职业生涯做妥善的安排，这也会影响到你的求职顺遂与否。

3. 中英文简历都要准备，这样可以给自己更多、更广泛的求职机会。简历切忌空洞、缺乏事实和数字支持。

简历制作要朴素大方，不可弄虚作假

经典案例：王爽和大多数应届毕业生一样，在各类招聘会上投简历。可是跑了那么多招聘会，投了许多简历，却没有接到一家公司的面试通知。王爽困惑不已，只得拿着简历去询问学校就业指导中心的张老师。张老师一看简历就眉头紧锁，原来王爽的简历制作得相当豪华，像高级请柬，而且上面的某些得奖信息是虚构的。张老师告诉王爽：所谓简历，除了你的基本资料要让对方一目了然，也必须让对方一眼就能清楚你的专业深度、工作能力。那些华而不实的外部装饰只能让面试官觉得你没有自信，要用这些东西来烘托自己。而且在简历中夸大或提供虚假信息，一旦被用人单位发现就会彻底失去对你的信任。王爽听了张老师的话以后，回去对简历进行了修改。她将修改好的简历重新发给各个公司，果然，没过多久，她就接到了来自公司的面试通知，而后被一家著名的公司录取了。

要点解析：应聘简历是找工作时的敲门砖，是招聘公司对你的第一印象，尤为重要。也许，你认为简历豪华耀眼更能引起招聘公司的注意。但是，这也可能会适得其反，容易让招聘公司认为你只是个华而不实的人，重视表面功夫，内在不足。因此，简历应当简单明了，让人一目了然。个人的信息不可假，如学历。

专家支着：制作简历时需要注意以下方面

1. 简历上的个人经历应该真实可信，避免夸大。

2. 自我介绍、个人学历、所获奖项也应该真实，不能随手瞎编。

3. 简历应该朴素大方，切勿华而不实，简单直接更能俘获招聘公司。

在求职信中不可滥用名言、俗语

经典案例：刘强是某公司的招聘主管。最近毕业季来临，他收到很多应届毕业生发来的求职简历。而其中的一些简历，令他十分头疼。因为这些简历上的自我介绍写得不切边际，且用了不当的名言或俗语。比如，有人写的是“走自己的路，让别人说去吧”“神马都是浮云，一切都难不倒我”“舍我其谁”等。这让刘强感觉求职者桀骜和夸耀，且太过轻浮不靠谱。如果一个不靠谱的人被公司聘用，是很难在工作中表现优秀的。因此，他每次遇见这种求职简历，只能直接刷掉。

要点解析：在求职中，随便使用名言或俗语是一种不正确的方法，只会让人觉得你浅薄无知。不要以为这样标新立异的话语能让求职公司注意你，相反，这只会带来适得其反的效果。公司大多喜欢成熟稳重、对工作有责任心的员工。你这样做，只能让公司认为你太幼稚不牢靠。

专家支着：在求职信中应当恰当地使用语言

1. 抄袭他人的话语是大忌。

2. 不要使用网络用语和言不达意的语句。

3. 简历文字要写得简洁精练，能够表现自己的优势，却又不能自吹自擂。

艺术照不应作为应聘时的照片

经典案例：美兰微胖，但有着精致的五官，面容姣好。她对自己没什么信心，因此在投递求职简历的时候，用了许多自己找专业摄影师拍摄的艺术照，来代替一寸免冠照片。虽然这些照片的确帮美兰得到了许多招聘公司的面试机会，但她一次都没有通过。因此，她十分困惑。于是，她询问了在其他公司做人事的朋友。她的朋友看到简历后，就告诉她，在简历中使用艺术照是一件很不恰当的事，因为艺术照跟真人的差别比较大。简历照片是面试官对你的第一印象，若面试时看见求职者与照片中的人差别过大，就会认为你不够自信，要这样来修饰自己。美兰听了之后，挣扎许久，最终在下一次求职中，用上了自己的一寸免冠照片，并进入了面试环节，得到了面试官的认可，找到了工作。

要点解析：也许有很多人在求职的时候，会用自己的艺术照，以为这样能增添自己的胜算，但是这招华而不实。在招聘人员看来，这种艺术照有搔首弄姿、投机取巧之嫌，让人觉得你有投机主义。再者说，艺术照一般与真人相差较大，会让招聘人员怀疑你是否在工作中也如此注重表面功夫。

专家支着：应聘时，要注意照片的选择

1. 求职的时候不能用艺术照。

2. 应聘的时候那些比较“性感”的写真不能投递。

3. 求职者必须根据自己的实际情况向招聘公司提供真人照片，如一寸免冠照、全身生活照等，切忌用 Photoshop、美图秀秀等软件修饰。

4. 公司招聘要求员工出具艺术照除外，因为有些演艺公司会有这一项要求，但也最好不要出具过于性感的照片。

进入面试场所时要敲门

经典案例：张晓明刚毕业投递求职简历，就得到了一家世界五百强企业的面试通知。面试当天，他一大早起床梳洗，将自己打扮得大方得体，自信满满地前去面试。公司有许多面试人员在等待，他在向工作人员递交了自己准备的资料后，也在面试室外耐心地等待。当工作人员通知他进去面试的时候，他自信满满地起身，直接推门进入面试室。可是，当他推门进去的时候，面试官还在讨论事情，他无意间打断了面试官的讨论，让面试官觉得有点唐突。因此，面试官与张晓明交流时，带着不满的情绪，对他也没什么好印象。虽然张晓明觉得面试时自己表现得还不错，以为自己肯定能得到这份工作，可是面试结束后好几天，他都没有接到入职通知。

要点解析：进入面试场所时，应该先敲门，在得到面试官的应允后，才能推门而进，这是对面试官的尊重。是否懂得尊重人是面试环节较为重要的考察内容，若不敲门就进去，会让面试官觉得你太莽撞无知了。虽然这只是一个小细节，但由于大多数人都有“先入为主”的观念，不佳的印象自然会影响到面试官对你的评分。以后在工作中，遇到上司与他人交谈，而你有急事需要马上请示时，可以说：“对不起，打扰了。”如果上司正在低头批阅文件，切忌探头探脑或用眼睛乱瞟。

专家支着：面试时需要掌握一些基本的面试礼仪

1. 做到必要的礼貌是对面试官的尊重，也是对面试官威严的维护。

2. 做到必要的礼貌也显示出自己的内在素养。

3. 进入面试场所时，若门是敞开的，应该先敲门向里面的面试官礼貌示意，询问是否能进入。

4. 若面试场所的门紧闭，应该有力（而不是大力）地在门上敲打三下，向屋里示意。

进门要主动问好，并回应对方的礼貌用语

经典案例：李潇从小被称为天才，每年都获得奖学金，是老师与同学眼中的优秀学生。到毕业时，李潇和所有同学一样，面临着求职困扰。因为他在学校的优异表现，每次投出简历，都会有许多公司邀请他面试。可是每次面试过后，就什么消息都没有了。有一次，他参加面试，遇见同班同学，两人一起参加面试。他们一起走进面试室，他很高傲地走到座位旁坐了下来，而他的同学则是面带微笑，向面试官微微鞠躬问好，得到回应后才入座。在聊天的过程中，李潇对于面试官的提问不屑一顾，时常否定面试官的问题，而他的同学一直在认真诚恳地回答。到了最后，结束面试时，李潇率先起身离开，他的同学则向面试官再次微微鞠躬，轻声说了句再见才离开。几天过后，他没有接到面试公司的通知，而他的同学则被录取了，他感到十分困扰。

要点解析：进门不打招呼，是面试时的大忌。不要小看招呼中的“您好”“谢谢”“再见”这些简单的词语，往往就是这些简单词语，决定你是否被录用。

再者说，不打招呼、不回应招呼也许是出自你自身的怯弱，不敢也不会打招呼；或许是你自诩清高，不屑于这些表面功夫。但是，如若不打招呼，不回应招呼，总会让人感觉你没有礼貌，难以相处。因此，进门要打招呼，并回应招呼极其重要。

专家支着：进门打招呼，并回应招呼应该做到

1. 走进面试场所后，应主动向面试官问候“您好”。

2. 面试时，面试官若向自己微笑或问好，应礼貌地回应面试官。

3. 与面试官问好时，应该声音清晰，切忌颤抖。

未经允许不可随便落座

经典案例：刚刚毕业的大学生王勇四处投递求职简历，却一无所获，某一天他终于接到了其中一家企业的面试通知。面试当天，王勇早早地就起床准备面试的事宜，穿好前一天晚上就准备好的正装，带上准备好的个人简历、学历与身份证原件与复印件等相关材料，提前1个小时就出门前往面试公司。一切都准备得非常充分，但是王勇实在是太紧张了，对这次面试抱有非常大的期待。他走进面试室，跟面试官打了招呼之后，没有经过允许就坐了下来。王勇给面试者留下了过于随心所欲、以自我为中心的印象，自然就被公司给刷掉了。

要点解析：不经过面试官的允许而自行落座，会给面试官留下一个不懂礼貌、自我并且随意的印象。求职者进入面试室后，如果没有听到面试官说“请坐”，不可以直接坐下来。面试者可以选择站在椅子旁边，在面试官说“请坐”之后再坐下，或者有礼貌地询问面试官。这是面试的礼节问题，非常重要。面试者坐下时背不要靠在椅子上，也不要弯腰驼背，也无须把腰挺得笔直，这会让面试官觉得你是一个

死板的人。

专家支着：给面试官留下一个良好的印象，需要注意

1. 走进面试场所后，应根据面试官的指示坐下。

2. 坐下的动作要快速并且安静，坐下后不要太放松，坐姿要端正严肃。

3. 如果面试者未说明请自己坐下或者并没有提供任何座位，应该礼貌询问面试官。

面试中不做多余的小动作

经典案例：刘天明是一名刚毕业的会计从业人员，某天接到了一家知名企业的面试通知。这让他既高兴又紧张，因为他从来没有面试的经验。到了面试的那一天，刘天明走进考场。考场是一个很小的会议室，刘天明很紧张，他一边说话一边拽衣角，不停地拨弄自己的头发。当考官问到刘天明所擅长的专业相关知识时，他才忘记了紧张，但是又表现得很激动，一边讲一边不停地做着夸张的肢体动作。最后，该企业选择了另一名专业知识比刘天明略差一点、但在面试过程中淡定坦然、说话有度的青年。

要点解析：在面试的过程中，求职者有时候会下意识地做出一些自己平时的小动作，殊不知有时候这些小动作有可能会让你失去这个工作机会。大多数时候面试官的眼睛是很尖锐的，他们总能透过求职者的一些不自觉的小动作发现你的不自信。在与人面对面直接交流时，语言所起到的直接效果仅有 7%，肢体语言的效果大于 50%，剩下的效果来自语音语调。求职者在面试的时候，由于不适应或紧张，会无意间做一些小动作，如拽衣角、摆弄纽扣、拨弄头发、过度夸张的肢体动作。如果在面试的时候频繁地做一些小动作，容易让考官看出你的紧张焦虑，给考官留下浮躁、沉不住气、不够端庄大方的印象。而夸张的肢体动作会让考官觉得你是一个浮夸的人，在阐述自己的想法时加一些适当的手势能帮助你更好地阐明你的态度，但是过度活泼、夸张的肢体动作会给人

留下不够稳重的印象。

专家支着：面试过程中要注意自己的动作得体

1. 面试过程中不要不断地做小动作。

2. 面试过程中不要挖鼻孔、皱眉头、抠指甲。

3. 不要有过多过于夸张的肢体动作。

4. 要注意自己平时习惯性的小动作，暗示自己注意克制。

态度要积极，主动打破沉默

经典案例：虽然现在到处都是招聘信息，但是想找一个好岗位却很不容易，所以林翔一开始就把目标定得比较低。本以为求职是十拿九稳的事情，没想到面试还是失败了。在面试时，招聘者问林翔的英语水平如何，林翔说“一般般”。问林翔：“如果进入我们企业之后，要求你在专业知识水平上提高，我们要求你参加企业的一些培训和国家的一些相关职业技能考试，你愿意吗？”林翔不说话了。林翔不说话之后，招聘者也不说话，双方之间竟然有长达十多秒的沉默。最后还是招聘者说：“这样吧，你先回去，等面试结果出来了我们再打电话通知你。”最后林翔没有被雇用。

要点解析：首先，面试者回避招聘者提出的问题，这是对招聘者的不尊重，后来产生的沉默和尴尬气氛也使面试者的形象大打折扣。其次，林翔工作态度很不积极，不愿意付出努力，这在十多秒钟的沉默中暴露了出来，反映出面试者的积极性不高。这样的错误在面试中是致命的。面试者如果没有积极的态度，就不能表现出自己的优点和能力，会让招聘者认为你对工作的积极性不高。面试者要学会打破面试中出现的沉默，寻找话题与招聘者沟通。如果任由沉默继续，会让招聘者觉得你不会灵活应变，不懂沟通。打破沉默局面，可以从多方面着手，如果是因为你太清高、架子大，而造成了面试者的沉默，则应在面试过程中主动些、热情些；如果是因为你口若悬河，讲起自己的观点来滔滔不绝而导致了面试者的沉默，则要在面试过程中注意自己的讲话，适可而止，并在交谈过程中主动征求对方的看法和意见；如果是因为双方初次见面互不了解，那么就应当由你主动做自我介绍，打破沉默。

专家支着：打破招聘双方的沉默，应聘者应该积极主动

1. 积极地与招聘者进行互动，认真考虑回答招聘者提出的问题。

2. 通过询问考官关于招聘方的问题来打破沉默，当然问题要适当得体。

3. 通过对介绍自己或者表示对企业的认识来打破沉默。

说话要注意语速和清晰度

经典案例：罗星是企业的人事部经理。大学毕业生就要离校了，最近是高校毕业生求职旺季。但是罗星却感到非常头疼，因为虽然在求职旺季有许多毕业生和往届毕业的人才前来公司进行面试，但是录取率却出乎意料的低。身为企业的人事主管，罗星为了给企业招到足够的人才，忙得焦头烂额。造成如此之低的录取概率的最大原因就是，前来面试的人说话速度大都不合适，要么语速太快，让面试官听不清对方在讲什么；要么语速太慢，说话慢吞吞的让人着急上火，恨不得把对方想说的话帮他说出来，让人特别头疼。

要点解析：语速，是指在交谈过程中讲话的速度。在与他人的交谈过程中，应该对语速加以控制，使之保持匀速，快慢适中。在交谈中，语速过快、过慢或忽快忽慢，都会影响交谈的效果。语速不适当，无论在什么样的面试中，都不利于求职，说话速度太快或者太慢都不能给你的表现添彩，反而会影响面试的效果。

如果说话速度太快，会给对方以你很紧张的感觉，显得你急于结束面试，让面试官觉得你没有耐心、不真诚；如果说话速度太慢，容易给人故作老成的感觉，面试官会觉得你傲慢无礼，是个虚伪的人。语速过慢还会给人一种反应迟钝的印象，不利于面试成功。

专家支着：面试者要想面试成功，要注意以下方面

1. 面试时说话速度应该适中，语速不要太快也不要太慢。

2. 在准备面试的时候可以练习说话的速度、语调、措辞。

3. 面试的过程中要看着面试官说话，不要看地面或者别的地方。

表达内容要简洁，切忌滔滔不绝

经典案例：“一周接了十多个面试电话，我在筛选过后参与了其中的七个面试。有好几个面试我感觉表现得挺好，可为什么没有单位录用我呢？”今年刚毕业的刘玲玲说着自己的面试遭遇。后来又频繁地面试了一个月，刘玲玲依然没能找到工作。“在面试的时候我积极地表现自己，一开始还开了个小玩笑来活跃气氛，面试过程感觉还是挺好的，我基本上将自己的实习经历、想法都表达出来了。”刘玲玲对自己依然没被录取表示很困惑。其实很多求职者在面试的时候都会遇到类似的问题，他们在面试考场上滔滔不绝，将自己想要表达的想法都讲了出来，但事实上，他们并不了解公司对求职者的需求。刘玲玲并没有意识到，虽然她积极地想展现自己，却起到了相反的效果。

要点解析：其实面试的时候并不是说得越多越好。参加面试时，假如主考官请你用几句话说一下你对应聘企业的印象，你却滔滔不绝地述说自己对新岗位如何憧憬，如何充满热情；主考官请你介绍一下你之前的工作经历，你却大段地述说自己以前的工作单位如何不好，你是如何不得志，结果会怎么样？如果在这表达里你没有表现出对方希望看到的素质，没有要点地滔滔不绝，面试效果就会很差。还有的人在面试交流时，明明就是不懂，还要竭力表现出自己什么都懂的样子，这会让主考官感觉很不舒服。面试的时候滔滔不绝会给面试官留下一个啰唆的印象，正所谓言多必失，谈话内容应注意要简洁。

专家支着：面试时谈话内容要想简洁，应该做到

1. 回答主考官的问题要注意控制时间。

2. 在面试过程中谈话要简洁，切忌长篇大论。

3. 在回答主考官的问题之前，先在脑海里组织一下语言。

理论要与事实相结合

经典案例：今年6月，22岁的嘉琳毕业于北京某大学广告专业。11月初，嘉琳离开了就职的广告公司，准备换另外一家规模更大的广告公司。嘉琳觉得自己有一年的工作经验，在校期间创作了不少广告作品，并且在广告公司就职时也曾参加过不少广告方案的策划和制作，想要换个更好的工作应该不难。在参加广告公司的面试时，嘉琳不停地述说自己对应聘公司的向往，如果应聘成功之后将要进行怎样的一番作为，以及自己有怎样强的能力，但是在之前的广告公司却没有被重用。嘉琳刻不容缓地将自己的光芒前史逐个历数，洋洋洒洒。毫无疑问，嘉琳没有被该广告公司录取，她感到很困惑。

要点解析：进行面试的时候，面试者不喜欢只会讲大道理，而不会摆事实的人，这给面试官一种自吹自擂、纸上谈兵的感受。喜欢夸夸其谈的人会让面试者觉得其没有真本事。没有非常丰富的社会实践经验，却大肆评论企业的经营之道，会让人觉得不成熟、浅薄。在对自己进行评价时，不喜欢使用陈述句，只会使用形容词会让面试者觉得自大。在回答面试者的问题时大量引用从书本上学来的知识和想法，却拿不出实际案例，无法做出适当的回应，会让面试者觉得你没有真才实学，只会讲理论。

专家支着：学会在面试者面前实事求是，应该注意

1. 实事求是地回答面试者提出的问题，尽量少阐述没有实践过的道理。

2. 知之为知之不知为不知，不要不懂装懂。

3. 进入面试时，多用事实说服面试者。

办公桌不是你的“私人领地”

经典案例：米林是公司的一名实习生，刚从大学经济管理专业毕业。米林成绩很优秀，她针对该公司管理的一些观点和见解很得老板赏识，但是米林有一个很不好的习惯，上班的时候喜欢把办公桌当成自己的私人领地来使用，在上面放满了自己喜欢的化妆品、小零食……并且喜欢在办公桌化妆或是旁若无人地用自己带来的iPad看电视剧。同事们虽然觉得她这样做不好，也不好直接说出来。一次，总公司派来一位经理视察分公司，看到米林堆满了私人杂物的办公桌，顿时脸色就不好了，将分公司的领导批评了一顿。

要点解析：办公室不是你的私人领域，不可以想穿什么就穿什么、不清理杂乱无序的办公桌、在办公桌放满自己的私人用品、在办公室接待亲朋好友，等等。办公室是用来工作的地方，如果你穿着随意邋遢，会让领导觉得你是一个以自我为中心、不修边幅的人；如果你任由你的杂物和私人用品堆满你的办公桌，会给人随意脏乱的感觉；如果你在办公室接待亲戚或者是来找你的朋友，会影响同事的办公，会让他人觉得你对工作的态度敷衍、不认真。

专家支着：为了避免把办公桌变成你的私人领地，应该注意

1. 切忌将办公桌当成自己的私人领地，随心所欲。

2. 不在办公桌放过多的东西，不放私人物品在办公桌上。

3. 不在办公室接待亲友，若有亲友来访，可以向领导请示后在公司外面接待。

不可热衷于传播小道消息

经典案例：吴倩至今也不明白，为什么在办公室里她从人人喜爱的小妹妹变成了人人都躲的人。她人很不错，业务也做得很好，只是性格很热情，对什么都喜欢打破砂锅问到底。她和任何一个同事聊天，都会像审查户口似的，从人家的家底查起。而且吴倩没有个人隐私的概念，常常打听别人难以启齿的事情，如薪水的多少、同事之间的关系，甚至是夫妻感情之间的事。还把同事甲的事情拿去和同事乙做对比，再将得出的结论到处传播。大家因此都开始躲着她，避免和她聊天，害怕成为她和别人聊天时候的谈资。

要点解析：现在一些单位和部门有一种很不好的现象，有些员工不在工作和学习上努力，而是热衷于打听、传播小道消息，今天说张三晋升了，明天说李四被领导批评了……严重干扰同事的视线，影响他人的正常工作。这样的行为必须坚决抵制。小道消息使办公室暗潮汹涌。如果总是传播小道消息，对工作的进展和个人形象的维持都没有好处，传播小道消息既影响同事之间的关系，也会损害单位的形象。小道消息往往是道听途说而来，并不具有真实性。经常传播小道消息，会给同事留下八卦、啰唆，甚至人品不好的印象。传播小道消息的人会受到轻视和看不起。如果传播的小道消息造成了不好的影响，甚至会受到法律的制裁。

专家支着：对待小道消息时应该注意

1. 不要在办公室主动传播小道消息。
2. 不要听信他人传播的小道消息。
3. 不要同他人讨论小道消息的内容。

认真对待琐碎却必要的工作

经典案例：上司想给公司采购一些办公用品，于是把500元交给员工范增，让范增去跑趟腿。范增满口答应了。过了一天，上司问他："买来了吗？”他不好意思地说：“忘了，明天买吧。”又等了一天，上司问他：“买来了吗？”他还是不好意思地说：“还没买！”就这样好几天过去了，范增也没提采购办公用品的事。后来上司发现没有结果，就安排另一个职员把办公用品买回来了，并且对范增说：“范增，你很忙，我已经让小李把办公用品买回来了，你把我给你的那500元钱退还给我吧。”没想到范增竟然说：“经理，我把钱放到宿舍忘记带来了。”又是几天过去了，上司才等到范增还回来的钱。

要点解析：有的人觉得工作上有的事情是可做可不做的，或者有的事情太小就忘记去做。这样想是不正确的，即使是琐碎的工作也应该正确对待，认真完成。我们可以给每天要做的事情做好记录，整理好需要用的文件，安排好工作任务，把每天需要做的事情安排得井井有条。切忌丢三落四、忘记自己该做的小事。否则会给人以粗心、浮躁的感觉，不利于平时的工作和生活。

专家支着：对待琐碎却必要的工作，应该做到

1. 认真对待每一项工作。

2. 不要忽略工作中的小事，养成细心的工作习惯。

3. 不要让别的同事代你做你不想做的琐碎工作。

不在办公室里吃有刺激性味道的食物

经典案例：唐笑笑今年25岁，是一个面容清秀的姑娘，在一家大型企业做文员。小姑娘人长得漂亮，性格也开朗，平时别人有个什么事都会特别热心地帮助对方，公司聚餐时也特别能活跃气氛，把所有人都带动得特别开心，所以同事们都特别喜欢她。但是唐笑笑有一个特别的爱好，就是吃一种叫榴梿的水果。众所周知，榴梿这种水果气味强烈刺激，说它臭气熏天真的是一点也不夸张。唐笑笑特别喜欢在办公室吃榴梿，让整个办公室的同事都要忍受榴梿散发出来的臭味，又不好直接告诉她不要吃榴梿，真是苦不堪言。办公室里经常一整天

都弥漫着榴梿刺鼻的味道。

要点解析：在办公室里吃有刺激性味道的食物会让同事很头疼。办公室是办公场所，是大家共用的空间。因为空间小、场地有限，刺激性食物的味道很难散掉。在办公室吃有刺激性味道的食物是不礼貌的行为，会让他人不愉快。而且当有客人来访时，闻到办公室里刺鼻的食物味道也会感到不悦，认为这是对自己的不尊重。而且食物的味道不利于营造办公室的工作环境，给人一种这里不是办公场所的感觉。所以，为了营造良好的工作环境，不对他人造成影响，应该避免在办公室吃有刺激性味道的食物。

专家支着：在办公室吃食物应该注意

1. 榴梿、葱、大蒜等具有强烈刺激性味道的食物有强烈味道，不建议在办公室里食用。

2. 可以选择去室外吃有刺激性味道的食物。

3. 吃完有刺激性味道的食物应该漱口或吃一块口香糖，消除口腔里的味道。

与别人共用办公桌时要懂得礼让

经典案例：林坤两年前应聘到一家事业单位从事建筑设计工作。工作中他兢兢业业，每一份工作都认真对待。建筑设计工作需要画图，画图就需要大量的空间。林坤与另一名做文员的同事共用一张办公桌，可他经常“抢占”整张办公桌的大部分空间，将画笔、尺子、图纸等东西放得到处都是。后来，与他共用一张办公桌的同事出差。一周后同事出差回来，发现整张办公桌都被林坤的各种东西占满了，他想放自己的东西都找不到地方。于是同事委婉地向林坤提意见，说自己的东西没地方放了，问他能不能把自己的东西挪过去一点。没想到林坤居然说：“我画图很占地方的，要放图纸放绘图工具，桌子不够大啊。再说了，你一个做文员工作的也不需要太大地方嘛。”

要点解析：在办公室，如果需要与别的同事共用办公桌，切忌占用大部分地方。如果占据办公桌的“大半江山”，会让同事认为你是一个自私的人，不懂得为他人考虑。而且会影响同事的工作，留给同事糟糕的办公环境，并且容易将两个人的工作文件混在一起，不便彼此的办公。要为他人着想，不要只考虑自己，才能营造出和谐、友好的办公室气氛。

专家支着：与别人共用办公桌时要注意：

1. 要整理好自己的东西，工作文件不要乱放。

2. 要多考虑同事的感受。

3. 不要霸占办公桌的大部分空间。

使用公共设施要有公共观念

经典案例：黄忠强是某企业的员工。某天他去财务部领报表。在等候的时候，他去上厕所，随手把自己吃完的口香糖粘在了洗手台上；而洗手的时候挤了满手洗手液，其中不少还滴在了洗手间台上、地板上。其他部门的同事看见了，心想：“这个部门的人素质真差啊。”同时，一位来上厕所的客户看见了黄忠强把口香糖粘在洗手台上的行为，感觉这个企业的员工素质太差了，和他们签合同的事还需再仔细考虑考虑。当天公司的老总接待了几位外商谈融资的事情，外商上厕所时看见了洗手台上的口香糖还有满地的洗手液，立刻打消了与该公司合作的念头。

要点解析：我们都会看不起没有公共观念的人。公司茶水间备有很多点心和饮料，你不管不顾拆开就吃，造成很多浪费；公司的复印机、电话，你一直占着使用，不考虑周围是否有同事正在等候；公司里配有拖把扫帚，你却从来不主动打扫卫生，在别的同事打扫的时候一脸理所当然；上完厕所冲水的时候冲很久；洗完手经常忘记关水龙头；随手乱扔垃圾……这些都是不爱惜公共设施、公共环境的表现。公共设施是公司设置的供大家使用的，独自一人占用，不考虑他人的需要是不礼貌的，同事会认为你以自我为中心，凡事只考虑自己，这样不利于与同事的相处，影响办公室氛围。

专家支着：为了树立良好的公共观念，需要做到

1. 爱惜公共设施，使用时注意保护。

2. 使用公共设施时，要考虑到他人是否也有使用的需要。

3. 养成节约的习惯，即使是公司的资产也要注意节约。

在办公区域遇到访客要主动打招呼

经典案例：一天下午，一位客人走进了利仁建材有限公司经理的办公室。经理外出视察不在办公室，经理的秘书吴静兰正在办公桌前整理待会儿开会要用的文件。见到客人走进来，吴秘书视而不见，继续忙自己的事情。10分钟后，她才为客人倒茶。问清客人来访的目的，通过电话帮客人联系好要找的部门后，在办公桌前起身向客人道别，目送其走出办公室。事后客人将此事告知经理，吴秘书受到了经理的批评。

要点解析：在办公区域遇到的客人不要视而不见，这是不礼貌的，因为员工个人的素质也代表了企业的形象。员工要从自己做起，积极树立企业的形象，积极接待客人，在自己的能力范围内尽最大的可能招待好来客。如果对方是企业的合作对象，员工用冷漠的态度对待客人会让客人失望；如果吝啬待客，招待客人用的是劣质的茶水、廉价的饭菜，会让客人觉得这个企业太小气、抠门，员工太斤斤计较。让客人感觉自己没有得到应有的尊重，给客人留下非常差劲的印象。

专家支着：在办公区域遇到访客要注意：

1. 不管对方是熟人还是陌生人，都应礼貌地打招呼。

2. 接待客人要热情周到。

3. 要优待客人，切忌用低档次品招待敷衍客人。

办公区严禁旁若无人地高声喧哗

经典案例：王军和彭浩然都是公司新来的员工。他们所学的专业相

同，被公司安排在同一个部门，做同样的工作。两人工作都很努力，在工作业绩和工作能力上也不分伯仲。但在为人处世方面，王军和彭浩然却有很大的不同。彭浩然性格比较爽朗，但是说话声音特别大。有一次，有客人来访，彭浩然的领导王经理在会议室接待客人时，听见彭浩然在隔壁办公室大声喊："王军，这个文件怎么做我都做不对，你帮我看看！""谢菲菲，你的电话！""今天中午的鱼香肉丝炒饭好难吃，明天一定不去那家餐馆了！"王经理感觉很尴尬，当着客人的面，自己的部下一直在外面高声喧哗，心里很不舒服。而王军就不一样，他说话声音刚刚好，不是太大也不是太小，不会影响到他人的工作。

要点解析：在办公室高声喧哗是没有礼貌的行为，不管是接电话还是讨论问题，都应该做到心平气和，轻声细语。说话声音太大会影响到正在工作的同事，让人心情烦躁，无法专心投入工作。如果让老板听到你大声地在办公室里嚷嚷，老板会觉得你太过浮躁，说话不经过认真的考虑，不是一个能够担当大事的人；同事会觉得你缺乏公德心，以自我为中心，丝毫不考虑自己对他人的影响。久而久之，影响办公室关系。

专家支着：在办公室说话时要注意

1. 控制音量，切勿高声喧哗。

2. 在他人正在休息的时候不应大声说话。

3. 讨论问题的时候注意控制自己的情绪，不要太过激动。

禁止使用办公资源来做私事

经典案例：王慧是一名会计，是公司的老员工了，为公司工作了十多年，一直兢兢业业。但是王慧不仅仅是会计工作者，也是一个15岁孩子的妈妈。为孩子王慧操碎了心。为了让学校里的老师多照顾照顾自己的孩子，王慧经常给老师帮忙，用公司的复印机帮老师复印编制的习题试卷。老师编制的试卷有十几张，要替一个班四五十个学生复印试卷，每次一印就要印好几百张。这样做的次数多了，让老板感到很不舒服。

这是自己公司的复印机，是为公司的工作服务的，凭什么王慧用公司的复印机去印自己私人的东西？

要点解析：应该杜绝用办公资源做自己的私事。用公司的复印机复印私人的资料，将办公室的笔记本和签字笔带回家自己用，用企业的座机和恋爱对象煲电话，上班时间用电脑玩游戏等都是将办公资源进行私人利用的表现。

你作为员工，如果经常用办公资源做私事，会让老板觉得你自私自利，爱占小便宜，并且对工作不上心；如果你是领导，经常用办公资源做私事，会被员工效仿和鄙视，无法做到服众，失去领导应有的威严形象。若办公资源私用，有时候可能会出现企业有重大紧急事件需要处理但偏偏资源不够用的情况，影响企业的经济效益。

专家支着：为了防止办公资源滥用，可以

1. 不要滥用办公资源，领导可以加强对办公资源的管理力度。

2. 不要私自将公司办公资源带回家或是送给别人用。

3. 节约使用办公资源，不要因为不是自己花钱买的东西就不爱惜。

分清工作关系与私交的区别

经典案例：杨柳从事市场营销工作，一次因为一件小事和同事谢兰兰发生了争执，后来她就认为谢兰兰处处和自己作对，私下里也从来不和谢兰兰说话。后来谢兰兰要辞职离开公司，碰巧杨柳的电脑出现了故障，丢失了所有以前的客户资料。她知道谢兰兰的电脑中有备份的资料，但是不愿意请她帮忙，怕谢兰兰笑话自己，于是花了一笔钱请电脑维修人员将硬盘的数据恢复了。其实谢兰兰在临行前已将一个优盘放在了她的桌子上，里面有新客户的资料，还有老客户的资料。谢兰兰想：虽然她和杨柳私底下有矛盾，可是工作是工作，私底下的矛盾是私底下的事，她要对自己的工作负责，不能因为私底下的矛盾而影响公司的工作。

要点解析：不能将工作与私交混为一谈。如果因为自己和同事发生矛盾，就在私下结仇，然后将这些情绪带到工作中来，或者因为自己和某一个同事私底下关系好，就请对方在工作上给自己开后门，走捷径，这样做都是不对的。如果将工作与私交混为一谈，会让工作和私底下的生活都受到影响，让同事认为你是一个不办正事的人，让领导怀疑你的工作能力，质疑你的工作积极性。

专家支着：正确处理好工作关系和私交，需要做到

1. 不要将私下和同事的矛盾带到工作中，影响工作效率。

2. 不要和同事在工作时间聊私事。

3. 不要利用私人关系让同事帮助你完成工作。

在上司面前不可逞强

经典案例：李飞是个很努力的人，一毕业就进入一个传媒企业的市场部，如今工作了三四年。他做事麻利，人也很聪明，但在部门里一直做些简单的工作，缺乏好的上升空间。后来李飞换了一个部门，结果还是和上一个部门一样，李飞感觉自己工作很辛苦，可是领导还是觉得他工作不认真。原来领导分派任务时，李飞很少跟领导有交流，还经常在领导面前耍耍小聪明。当领导分派给他一个任务的时候，即使这个任务超过了他的能力范围，他也会告诉领导“没问题”“您放心”“包在我身上”，然后通过一些小技巧、小花招去完成上司给的任务，等到完成了工作就跟领导汇报说“已完成”“完全没问题”。于是领导觉得他完成任务用的方法太油滑，怀疑他工作不饱和，上班时间在干与工作无关的事，没有认真工作。

要点解析：在上司面前耍小聪明、小花招会让上司觉得你只会搞歪门邪道的东西，对你感到厌恶。如果在上司面前故意卖弄自己的能力，上司会觉得你对自己的待遇感到不满意，有意讽刺他，甚至想要取代他的职位。在上司面前逞强是很愚蠢的行为，会让对方感到不愉快。上司

会觉得你做事冲动，欠考虑，只会耍小聪明，对自己不尊重，不是一个可以做大事的人，因此不会重用你。

专家支着：上司面前，应当学会以下技巧

1. 不要在上司面前耍花招、做手脚。

2. 不要不经上司的同意擅作主张。

3. 不要在上司面前逞强，更不要急于表现自己。

不介入上司的私人空间

经典案例：作为领导，张扬非常希望自己的秘书具备过硬的技能、渊博的知识、强大的工作能力。于是张扬开会的时候，就让秘书在自己的电脑上完成一些工作，整理一些资料，上网查阅工作方面信息等。有一次张扬开会回来发现秘书打开了电脑上他写的日记，见他回来了也一点不回避，依旧大大方方地看。张扬一下子就觉得秘书很不懂得尊重别人，对她的印象立刻变得不好了。这样的秘书，让张扬觉得自己很不受尊重。她却一点也没发觉自己的行为过分。

要点解析：介入上司的私人空间并不是一件好事。在工作的闲暇时间打听上司的私事，甚至打听上司的私生活；私自偷看上司的私人物品；遇到来公司找上司的亲友，不停地追问对方的私人信息、与上司的关系、上司的私人信息等，这些行为不利于形成上下级之间严肃的关系，会妨碍上下级之间开展工作。并且，过分介入上司的私人空间会让周围的同事怀疑你和上司之间是否有不为人知的秘密关系。要保持和上司之间的距离，否则会对你和上司双方都产生负面的影响。

专家支着：与上司保持适当距离，应该注意

1. 在工作中与上司保持适当的身体距离。

2. 在工作中与上司保持适当的心理距离。

3. 不要打听上司的私生活，不要经常帮上司做私事。

办公桌上要保持干净整洁

经典案例：小吴因为工作需要，经常出差，在外面四处跑，很少待在办公室。一天下午，回到单位，小吴看到公告栏上通知他："办公桌太乱，罚款50元。"原来，小吴坐在前排，离垃圾桶比较远，吃了东西经常随手将果皮、包装等丢在办公桌上。没想到单位行政部到各部门进行卫生检查，他成了"典型"。

要点解析：及时清理办公桌，保持办公桌的整洁，是每个员工都应该做到的。要像注重你的衣着一样，注重你的办公桌。

办公桌上杂乱无章，不仅影响你工作的效率，也影响你的形象。同事和上司通过你的办公桌，就可以得知你的生活态度。一个生活井井有条的人，他的办公桌必定是整洁有序的。整洁的办公桌可以提高你的办事效率，找资料时可以一目了然。整洁的办公桌还可以让上司对你另眼相待，觉得你做事有条理，注重公共形象。而办公桌杂乱，会让人觉得你态度散漫，太过随性。很多人不愿花时间整理办公桌，任由资料、文件随意摆放，认为自己的空间自己做主，却忘了一旦因为自己的懒惰或坏习惯丢失了重要信息，给公司造成损失，自己也将失去这张办公桌。

专家支着：办公桌上要整洁，时时谨记这几点

1. 没用、废弃的纸张和文件要及时清理，不要和有用文件放一起，占据办公桌的空间。

2. 养成良好习惯，定期整理办公桌，保持桌面洁净。

3. 办公桌上物品要摆放整齐，有秩序。

不要随意动用他人办公桌上的物品

经典案例：小夏最近很苦闷，自己办公桌上的东西总是被其他同事拿去用。几天前，公司新发了一个优盘给她。中午吃饭前，她随手放到了办公桌上，可吃完饭回来后，优盘却不见了。后来，旁边的刘大姐告诉她，

是一个同事刚才过来拿走了。那个同事承认优盘是自己拿的，可不但不道歉，反而认为那是公司的公共资源，没必要告诉小夏。小夏十分气愤，觉得同事的行为属于偷盗。于是，二人起了争执，同事关系也破裂了。

要点解析：每个人都有自己的隐私，同事之间要相互尊重，不要随意动用他人办公桌上的物品。

动用他人办公桌上的物品前，要尊重他人意见，不可自作主张。也许你与同事的关系很好，觉得不用打招呼。有时，即便对方真心乐于帮助你，喧宾夺主的行为也会让对方丧失对你的好感，并产生抵触心理。这不仅是不礼貌的行为，还会让人觉得自己被忽视，不被尊重。同事办公桌上的重要文件材料更不能随意动用，如果不小心损坏或丢失，不仅同事不会原谅你，公司也要追究你的责任。

专家支着：借用他人办公桌上的物品时，有几点要谨记

1. 一定要征得对方同意，方可借用。
2. 借用后要及时归还，不要据为己有。
3. 同事不在而自己有急需时，可事后说明情况，并表示歉意。

端正态度对待公司机密

经典案例：小刘在公司做经理助理已经3年了，身边的朋友都升职了，只有他还在原地打转。为了谋求更好的发展前途，小刘把公司的机密拷贝下来，准备作为自己跳槽的砝码。而面试时，小刘被告知无法保守原公司机密的员工，任何公司都不敢要。新公司没有录用小刘，原公司也辞退了他，小刘还收到了法院的传票。

要点解析：俗话说："知恩莫忘报。"对于自己供职的公司，不但不知道回报，反而向他人或其他单位泄露本公司的机密，这是人人都痛恨的行为。

员工是公司的内部组成部分，公司的机密也应当被每一个成员保守。这不仅是公司的规章制度的要求，更是员工道德的底线。同时，泄露公

司机密也是被法律所禁止的。你之所以知道公司的机密，是因为你是公司的一分子，得到公司的信任。而对外人而言，在未经公司许可下，是没有权利知道这些机密的。即便你对公司心有不满，也应该忠于自己、忠于公司，遵守职业道德。没有人愿意和泄露秘密的人交朋友，也没有公司愿意录用不能保守公司机密的人。因为抵不住诱惑、自制力差的人难以取得任何公司的信任，没有谁喜欢被出卖和背叛。无论是有意还是无意，泄露公司机密都是不可原谅的。

专家支着：工作中，要严格做到以下几点

1. 未经公司允许，不要把公司的机密作为自己和他人谈论的话题。

2. 不要把已知的公司机密作为自己跳槽的砝码。

3. 自己不要随意打听公司机密，对于他人的询问，也要时刻警惕。

不要在办公区域内接待亲朋好友

经典案例：在公司，小张和两个同事合用一个办公室。一次，小张的好朋友来北京出差，小张高兴地把朋友接到自己的办公室里。一年多不见，小张和朋友都很激动，漫无边际地聊起天来。小张的两位同事提醒小张，上班时间公司不允许处理私人事情。可小张不以为意，继续和好友畅谈。两位同事多次劝阻，表示无法正常工作，小张却觉得朋友难得来一趟，总不能冷落了他。从此，那两位同事对小张再也没有好感了，小张也被公司通报批评。

要点解析：办公室是工作的地方，接待亲友最好不要选在办公室。

办公室是公司为你提供的工作环境，而不是你私人的地方。接待亲友最好是在家里或其他较为私人的场所。这样，不仅亲友可以举止自然，侃侃而谈，自己也不用担心影响他人。在办公室接待亲友，是一般公司明令禁止的。试想一下，有哪个老板愿意看到自己的员工在自己提供的用来办公的地方，花时间处理个人的私事。即便你是上司，在办公室内接待亲友，也会损坏你的形象，难以服众。选择在办公室接待，你的亲

友也会觉得自己不受重视，言谈会拘谨。如果你因此受到责罚，你的亲友也会跟着尴尬。

因此，接待亲友要选择合适的场合和时间。

专家支着：办公时间接待亲友要注意以下几点

1. 接待时间不要太长，以半小时之内为宜。
2. 接待时不要大声喧哗，以免影响他人正常工作。
3. 尽可能不要在办公时间和在办公室内接待亲友。
4. 在接待室内接待要比在办公室内恰当。

不要随意议论公司制度

经典案例：老王是公司的老员工了，工作上虽然有些散漫，但业绩还不错。前不久，新上任一位经理。为了提高员工的积极性，新经理重新制定了公司的考勤制度。一次，因为堵车，老王迟到了10分钟，要罚50元。老王想按老办法，改成请假，却被驳回。老王气不过，经常抱怨公司新改的考勤制度如何不合理。终于，抱怨声传到了经理耳朵里。新经理为了树立威信，直接把老王开除了。

要点解析：公司制度是公司管理员工的依据，不要随意议论公司的制度。

任何一种制度都有建立、修改、完善的过程，任何公司制度都不可能是尽善尽美的。公司制度都是领导综合考虑多方面制定的，它的作用往往需要长时间的实践来判定适用与否。因此，不要因为自己不满或是制度本身存在缺陷，就私下随意议论，妄加判断。任何公司都要求自己的员工认同本公司的文化，遵守公司制度是每个员工工作的前提。只有在制度的规范下，才能体现公司自己的特点，工作也才能正常进行。不遵守公司制度，对公司制度不满，私下随意议论，不仅不利于公司内部人员的团结，也会让上级对你产生反感，同样也不会认同你。

专家支着：对待公司的制度，应该保持以下态度

1. 首先要学会服从公司的制度，不要私下议论。

2. 如果公司制度确实有欠妥的地方，可以向上级提出建议，以便完善。

不可背后谈论同事的工作能力

经典案例：公司新来了一个实习生，领导让小罗指导他工作。经验丰富的小罗，很乐意地接受了。可是在接下来的工作中，小罗发现这个实习生的头脑并不灵光，一些简单的问题都需要讲解很多遍。渐渐地，小罗的抱怨就多了，经常抱怨其他同事脑子笨、能力差。渐渐地，同事们都疏远了小罗。

要点解析：在背后谈论其他同事是不妥的，尤其是大肆评论同事的能力，更是不恰当的。

如果你与同事背后议论其他同事的无能，其他同事就会觉得你很自负，不懂得尊重他人，慢慢地就会疏远你。因为谁也不想成为你口中的无能者。比你有能力的人，也许会暗自嘲笑你的自以为是。而且，一旦被谈论的同事知道你的行为，一定会对你怨恨在心，甚至发生争执。如果是在领导面前议论同事的无能，则会让其对你产生妄自尊大、不懂谦卑和团结的想法，甚至可能会怀疑你对他的用人眼光有看法。

任何人的能力都是有限的，你自己也不例外。要懂得谦虚地看待自己，同时也要注意向能力比自己强的人学习。不要只顾着评判他人的缺点，也要看到自己的不足。绝对不能嘲笑不如自己的同事，这既是礼貌问题，也是道德问题。

专家支着：对于能力不如自己的同事，应该注意以下几点

1. 不在背后议论同事的无能。

2. 工作中，积极鼓励和帮助同事解决问题。

3. 能者多劳，不要抱怨自己干的活比他人多，自己的努力领导都会看在眼里。

不可轻视勤务人员

经典案例：某著名公司高薪招聘一名储蓄干部，对学历、经验不作要求，来面试的人很多。经过两轮面试和一轮笔试后，只剩下小杨和另外两个人。最后一个环节，由人事经理亲自面试，决定聘用谁。三个人在办公室外等了很久，可人事经理仍没回来。只有一名清洁大妈，过来清扫了一下。3 分钟后，人事经理回来了，却告诉他们面试已经结束，没有人合格。原因是，在清洁大妈过来清扫时，谁也没有说声谢谢，甚至连脚都没有挪一下。

要点解析：勤务人员同样是公司的员工，为公司做贡献，不可以轻视勤务人员。

任何劳动者都有权利得到他人的尊重，并不因为你是白领，拥有自己的办公室就高人一等。懂得尊重别人的人，才会得到他人的尊重。相反，如果只注重身份、职位、职业，只向上看，就会被他人称为势利眼。有些人往往忽略勤务人员的存在，不尊重他们的劳动成果，随意对他们指点或呵斥。这样的行为，会让同事觉得你是个只注重身份和地位的人，不值得深交和信任。

公司工作环境的整洁，很大程度上是他们的劳动成果。要懂得感谢他们为你提供的便利，而不要凭借自己在公司创造的利益和自己的职位而目中无人。

专家支着：对待勤务人员，要做到以下几点

1. 以平等的眼光看待和尊重勤务人员，懂得感谢他们。
2. 不要刻意随地乱扔垃圾，不可嘲笑和戏弄勤务人员。
3. 尊重勤务人员的劳动成果，积极配合他们的清扫工作。

不可私下随意议论领导

经典案例：小高是某公司经理助理，为人勤快、细心，办事牢靠，

很受经理信任。经理的很多私事，小高也乐意代办。可小高有一个缺点：爱议论人。一次同事聚会，小高的话匣子打开了。说着说着，就谈到了经理。经理的缺点、尴尬事都被小高当成了笑话消遣。不久后，经理知道了这件事，就换了个新助理。

要点解析：有威严的领导才能服众，任何领导都希望得到下属的尊敬。作为下属，私下随意议论领导的衣着、举止、感情生活等都是不对的。这样，不仅会损坏领导在其他员工心目中的形象，甚至还会影响整个公司的工作和形象。

对于领导的不足，首先是要善意地提醒，而不是将其作为私下议论的话题。领导也是普通人，也有自己的生活方式和行为习惯，自然缺点也必不可少。但是，没有人愿意被他人指指点点。作为领导，更希望自己的下属看到的是自己光彩的一面。

真正正直的人是不会私下同他人议论领导的，但直接同领导谈也要讲求方式和场合。以恰当的方式向领导提出建议，不仅不会让其对你产生反感，还会欣赏你的主动进谏，觉得你是处处为领导着想。而你的建议，也更容易被接受。

专家支着：发现领导有不当之处，应该注意

1. 不可私下同其他同事随意议论。

2. 对领导的举止不要过分苛求，要多理解。

3. 委婉地向领导提出建议，不可直接指出领导的不当行为。

不要看不起学历比你低的同事

经典案例：小卢硕士毕业后，到一家成立时间早、有实力的公司实习。公司的同事都很尊重她，经理也很重用她。一开始，小卢表现得很谦虚，可摸清公司和同事的底细后，小卢发现公司里的很多员工，甚至连经理的学历都没自己高。之后，其他同事问她问题时，她总是一副傲慢的表情。而且，她还常向同事嘲笑经理知识上的缺陷。结果，不到 1 个月，小卢

就被辞退了。

要点解析：同事之间，不可依据学历判定能力的高低。

现代社会，很多用人公司招聘都设置学历的门槛。虽然，学历在一定程度上可以反映一个人的文化和专业水平，但不是绝对的。况且，学历不代表能力。进入公司，就应该忽视帮你迈进门槛的学历，而不应该依靠它来发展自我。

学历与经验无关，也与一个人的修养、气质、人品无关。不要根据学历来判断他人的一切。对待同事，不可以因为自己的学历高就妄自尊大，目中无人。任何公司都不欢迎这种人。公司注重的是给它带来的利益，不会根据学历将员工分为三六九等。因此，要平等看待周围的同事，融洽相处。

专家支着：同事之间，要平等对待，切忌依学历来看人

1. 不要刻意打听他人的学历，更不要嘲笑学历低的人。

2. 重视他人的经验和能力，并虚心学习。

不要直接拒绝上司安排的任务

经典案例：小张的知识面广、专业知识扎实，在公司，经常有人向他请教问题。公司每周都有专业知识培训。一次，负责培训的人辞职了，经理就暂时把任务交给了小张。小张勉强接受了。结果，效果很不错。到第二周，经理又要求小张去负责培训。小张想到既要做好本职工作，还要无报酬地进行培训，就很不情愿。于是，直接对经理说："可以让别人培训吗？我不愿意。"经理听后，脸一下子沉了下来。小张再没有得到过经理的赏识。

要点解析：对于上司安排的任务，下属理应接受。但有时候因为各种原因，不得不拒绝。

谁都不想自己的请求被当面拒绝，上司也是一样。直接拒绝上司，是十分不恰当的。首先，作为员工，应遵照公司规定完成任务。其次，上司可能因为你的直接拒绝而颜面扫地，威严丧失。上司把重要的任务

交给你，说明是对你的信任。如果直接拒绝，上司就会对你失望，觉得你自负傲慢，甚至会因为得不到应有的尊敬而被激怒。但假如自己真的忙于其他工作，或者无法胜任上司安排的工作，就要转换思维，委婉地拒绝，或者另选时间来完成任务。当然，拒绝时既不要直接说“不”，也不要说“小 A 更合适”。如果恰好被小 A 听见，你们的同事关系也会有危机。

记住：永远不要做冲撞上司的那一个，也不要把任务推到他人身上。

专家支着：上司安排的任务应该学会正确拒绝

1. 如果是自己的原因，则不可以直接拒绝，应礼貌地说明自己无法胜任的原因。

2. 如果任务不合理，最好的做法是承担任务，而不是拒绝任务。完成之后，再委婉地指出任务的不合理处。

“不得志”的牢骚心态不符合职场环境

经典案例：来公司已经半年多了，小金还没有独立完成过一个项目。小金总觉得自己不受重视，每天都充满牢骚，表现出一副“郁郁不得志”的样子。一开始，还有同事开导他。但后来，当同事取得成绩时，小金更觉得不公，向其他同事说自己运气不好，自己能力强得多却无人赏识。同事们都觉得小金心胸狭窄。于是，再也没人宽慰他了。

要点解析：每个公司，都希望自己的员工发挥所长；每个领导，也希望自己的下属能够充分发挥自己的潜力。时常表现得“郁郁不得志”的员工，谁都不欢迎。

“郁郁不得志”不仅是自己的一种态度，也会影响他人对你的判断。工作中，表现得不得志，上级会觉得你太过浮躁，甚至觉得你对自己的分配不满意、心存芥蒂。同事也会认为你是个自负、自傲的人，对工作不热心。真正有能力的人，不是通过自己的不得志的表情来赢取机会的，而是通过工作证明自己的实力，以吸引上级的重视。而那些整天自以为是地抱怨自己不被赏识的人，往往缺乏真正的实力。因为人才是公司成长的必备条件，任何公司都不愿意让真正的人才被埋没。

专家支着：工作中，想让自己被上司赏识，需要做到

1. 不要整天自怨自艾，而是努力做好本职工作。

2. 把握机会，对于自己可以胜任的工作要努力争取。

3. 善于学习，增强自己的工作能力。

商务会谈需谨慎

名片应简单大方、质地上乘

经典案例：王明是个喜欢简朴生活的人，平时对各种物品的使用都十分节省。为此，王明还受到了公司的表扬。前不久，因为表现优秀，王明被升任为公司副经理。头衔更改，自己的名片也要做相应修改。在制作名片时，王明仍旧坚持自己的一贯作风，选用了便宜的质量较差的纸。因此，王明在与客户交换名片时，总是显得很寒酸。参加宴会时，自己的待遇也比与自己同级别的差。直到朋友提醒他，王明才意识到名片的质量不可以太差。

要点解析：名片的设计多种多样，纸质也千差万别，但都要求简单大方，纸质得当。纷繁复杂的名片容易让人眼花缭乱，如果形式或图案设计得过于复杂，喧宾夺主，自己的姓名反而凸显不出来，那么，名片的存在意义就不大了，甚至还会给人造成自己只爱形式不注重内容的不好印象。有些人甚至会把自己的照片印在名片上，这是极为不可取的。此外，名片不宜用太差的纸质，无论你的身份是什么。名片用纸得当既

是对对方的尊重，也是对自己的尊重。任谁都不愿把质量低劣的名片夹在自己的钱包或是名片夹中。人们在接到纸质差的名片时，往往会随手放到旁边。因此，如果没有特殊要求，选用较优质的纸质较为适合、中庸。

专家支着：名片制作有讲究，这些方面不可忽视

1. 材料上，不宜选用太昂贵的，最好使用卡片纸，字迹清晰可辨，不易折损。

2. 尺寸上，不宜过大或过小，常用尺寸是 5.5 厘米 ×9 厘米。

3. 色彩上，不宜超过三种，最好选用两种颜色，否则会给人杂乱无章之感。

恰当选择名片发放的对象和时机

经典案例：周末，刚升任经理不久的方可代表公司去参加一场盛大的宴会。宴会正式开始后，宾客纷纭，人人保持着优雅的姿态。用餐时间到了，大家坐到餐桌上畅谈。方可觉得应该向大家推荐一下自己和公司了，于是便把名片拿出来一一发放。此时，大家都忙于举杯，有的还在吃东西，面对方可突然递过来的名片，都愣了一下。接下后，没人愿意跟方可谈公司的事情。方可只好跟大家一起用餐，不提自己公司的业务了。

要点解析：不是对任何人都要发放你的名片，也不是任何时候递送名片都是合适的。只有选择恰当的对象和时机，才能发挥好名片的效用。

名片发放要选对对象。有些人喜欢将一摞名片放在办公桌上，方便来往客户拿取，这种做法有点不尊重对方，同时也是很不安全的。还有些人无论对亲朋好友，还是对跟自己没有交集的人，都发放名片，这种做法既是多余的，也会让对方觉得你在炫耀自己。名片的发放时间也不应随意，针对不同的对象、场合，要选择不同的发放时间。如果是用餐时间，发放名片往往会被对方忽略掉，或是令对方产生反感，因为此时并不适合洽谈商务事宜；如果是初次见面的陌生人，过于主动递交名片则显得太唐突，甚至会被怀疑你有不良动机。因此，一定要在合适的时

间把名片递交给合适的人，这样才不会浪费自己的名片，也不会给他人造成困扰，给自己带来不良后果。

专家支着：名片发放要谨慎，不可太过随意，应该注意以下几点

1. 接待客户时，可在客户离开前，将名片递上，以增加对方印象。

2. 不可随意向陌生人发放名片，以免被他人误解。

3. 用餐时间，不适宜发放名片。

双手接递名片是基本礼节

经典案例：孙振是个粗枝大叶的人，做事经常不拘小节。前不久，孙振去某公司推销产品。他在接待室等了半天后，经理秘书通知他，经理对他推销的产品感兴趣，同意接见他。初次见面，孙振简单地做了自我介绍，并用一只手将名片递给对方。经理接过名片，并没有与他交换名片，而是简单说了几句，然后就不说话了。孙振只好请求对方再给自己一次机会。可经理说，在孙振单手递名片时，一切的机会都被扼杀了。

要点解析：递接名片并不是简单的名片传递，这个过程还有其更深刻的内涵，即礼仪。

虽然递接名片，一只手就足够处理了，但并没有这么简单，它代表着一个人的修养和礼仪风范。一只手递接名片，是不礼貌的行为。接名片时，用一只手，对方会觉得你既不尊重他，也不重视他的名片，认为你不会善待他的名片，而且不会得到你的主动联系。同样，一只手递送名片也是不妥的。这样，不仅带有对对方歧视、不尊重的意味，还可能被认为举止太过随意，甚至你的工作态度以及生活作风也会被认为随意的。因此，不要小看递送名片这件事，他是人们对你素质、修养认识和判断的第一步。因此，一定要注意这个小细节，谨记不可以一只手递接名片。

专家支着：递接名片时，应注意以下几点

1. 递接名片要用双手。接受名片时，手持高度约在胸部位置；递送

名片，要正面朝上。

2. 递送名片时，要面带微笑，并保证正面朝上，以方便对方查看姓名。

3. 接受名片时，要道谢并轻声读出对方姓名。

不宜递送褶皱污损的名片

经典案例：孙浩平时业绩出色，领导给了他一次接见客户的机会。在会谈室里，客户一走进房间，孙浩就迎上去寒暄，礼貌有加，对方也面带笑容，对孙浩的第一印象不错。可坐下之后，孙浩从口袋里拿出自己的名片递给对方时，孙浩才注意到名片有点褶皱，而且还带有斑斑污渍。客户当面虽然没有说什么，可会谈气氛明显变冷了，这次的业务也没有谈成。

要点解析：作为个人形象的展示窗口，名片虽小，但讲究颇多。给他人递交褶皱污损的名片，是十分不礼貌的行为，对自己的形象也会有所损害。洽谈业务时，如果递送给对方的名片有褶皱或污损，会让对方觉得你做事不讲究，怀疑你工作上也是随意、不严谨的态度。这不仅会影响你个人的形象，还会影响自己所代表的公司的形象。在交际过程中，如果递送的名片不整洁，对方会认为你没有交往的诚意，并会影响对方对你的态度和观感。名片褶皱污损，还会让对方在接受名片时增加心理负担。因为，一般而言，名片都会被对方装进钱包里，而褶皱污损的名片装进去则比较困难，而且不卫生。

名片的使用场合一般比较正式，给予名片的对象也多为合作伙伴或者与公司业务有着利益关系的人，因此需要格外注意。如果因为这个细节问题，而影响双方的关系或公司的利益，那就实在是得不偿失了。

专家支着：让自己的形象更为完美，在名片方面需要注意

1. 名片为个人形象窗口，时刻保证名片干净整洁。

2. 名片不可放在口袋里，以免褶皱，可放在钱包等地方。

商务会谈要注意情绪的控制

经典案例：亚历山大·仲马，又被称为大仲马，是19世纪法国的浪漫主义作家，他的各种著作加起来有300多卷，大部分是小说和戏剧。一位很出名的剧院老板为了一本剧本前去拜访大仲马。一见面，剧院老板就非常生气地问大仲马："为什么要把新写的剧本卖给一家名不见经传的小剧院？"大仲马表示确实有这么一回事儿。这位剧院老板想买回剧本，于是给出了一个远远高于小剧院的高价，大仲马微笑着说："其实那家并不出名的小剧院用了一个很简单的方法，就从我这以一个很低的价格把剧本买走了。""那是什么方法？""他将与我交往看得很慎重，并且一见面就脱下帽子。"

要点解析：如果在会谈中出现分歧，一言不合你就破口大骂；对方提出比较夸张的条件，你就拉下脸；眼看会谈走向失败，你做出满不在乎的样子，这些负面的情绪并不利于会谈的顺利进行。在商务会谈中，会谈的双方有各自的需要，期望满足的程度也各不相同，会谈者的情绪往往也会随之起伏。在商务会谈中，不可避免情绪会出现各种变化和波动。当情绪的波动异常强烈时，会谈者要善于采用适当方法调控自己的情绪，否则会让强烈的情绪对会谈产生不好的影响。在会谈过程中应该尽可能地避免太过激动的情绪和过激的言论。当有损会谈气氛的情绪出现后，应尽量平息，防止造成会谈双方的不愉快，导致谈判的失败。

专家支着：会谈时，会谈双方应该注意

1. 无论会谈的走向如何，都应保持心平气和。

2. 时刻注意自己的言行举止，以礼待人。

3. 当负面情绪出现时，尽量进行自我情绪调控。

商务谈判时要尊重对手，懂得让步

经典案例：有一个流传很久的故事现在已成了诠释商务会谈的经典

故事：兄妹两人为分唯一的张馅饼发生了矛盾，双方都坚持自己要一块大的，又都害怕被对方所欺骗，谁也不愿意让步。正当哥哥拿起刀子准备切一大块给自己的时候，兄妹两人的父亲来了。父亲说道："不管你们由谁来切这块馅饼，切的人必须让对方先选择要哪一块。"哥哥为了保护自己的馅饼，把馅饼切成了同样大小的两块。在很多时候，其实双方的利益不一定全部是对立的。如果把关注的焦点从击败对方转向同对方合作，共同击败双方之间存在的矛盾，那么最后大家都能获得利益。

要点解析：在谈判过程中，如果只考虑自己的利益，一味地追求自己的利益最大化，丝毫不考虑对方的利益、对方的意见，那么谈判不会顺利进行。

在双方进行初次谈判时，如果不懂得尊重对手与让步，你们可能就不会有下一次合作的机会了。在谈判的白热化阶段，你如果仍坚持自己的要求不做一点让步，可能会在投入大量的时间之后得不到任何结果。如果在谈判过程中，你不懂让步、步步紧逼，会让对方感觉你是一个固执、不讲理的人，给人不好的印象。如果你的苛刻行为经业内人士大肆宣扬且变得广为人知，那么你会失去大量的潜在客户。

专家支着：谈判时，应该学会

1. 尊重对方。

2. 做出适当的让步，满足一些对方的要求。

3. 以双方的共赢作为共同目的，并非一定要争个谁输谁赢。

商务会谈需分清人和事

经典案例：在一家由英国人投资的美国工厂中，因为劳资纠纷，工人们举行了罢工。早在一个月前工人们就向投资方提出了意见，然后举行了罢工活动。工厂经理是一个很好的领导，体谅员工们，平时对员工很宽容，深受大家的喜爱。经理提出希望大家停止罢工活动。工人们说："经理，我们知道您对我们很好，可是这是我们和英国投资商之间的事情，请您不要为难我们。”经理劝说了很久，也没有让工人们放弃罢工活动，最后经过协商工人们与投资方在劳资问题上达成了一致。结束罢工后，工人们主动邀请经理一同去吃饭庆祝。经理对工人们一系列的行为非常疑惑，就询问了其中的一名工人。工人回答他：“我们对投资方有意见，想要通过罢工的方法让对方知道我们对此事认真的态度。虽然您站在了我们的对立面阻碍我们，但是对事不对人，私底下我们还是朋友。”

要点解析：会谈过程中要分清人和事，不能因为谈判的对手是自己的朋友，就不顾己方的利益一味迁就对方，这样是对所在单位的不负责任，会造成单位利益的损失；也不能因为谈判的对手是自己的对头，就在谈判过程中处处为难对方。商务会谈中要分清人和事，抛下个人恩怨，以双方最大化的利益为目标，这样才能在会谈上做出正确的判断，进行友好的交流，最后达到预期目标。

专家支着：商务会谈中应该注意以下几点

1. 商务会谈过程中避免加入私人情感。

2. 商务会谈应保持客观友好，不要因为会谈双方的态度问题影响会谈的进行。

3. 商务会谈中尽量少涉及有关私人关系的交流。

拒绝对方要注意时机

经典案例：澳大利亚的一家著名女鞋公司希望开拓美国市场，因为他们不了解美国市场，不知道美国市场的需求与缺陷，所以急需找一个可以推销其产品的美国代理商。当澳大利亚公司准备与一家美国代理公司商务会谈时，谈判代表因为司机开车走错方向而迟到。美国公司的谈判代表不断地强调此事，想以此胁迫澳大利亚公司获取更多的优惠条件。美国公司的代表提出了很多条件，让澳大利亚的代表感到很恼怒。澳大利亚代表认为对方根本是在趁火打劫，于是在双方稍微冷静下来的空隙站起来说：“对于迟到这件事我们十分抱歉，耽误了您的时间。可这绝非我们的本意，我们对美国的交通状况了解不足。但是贵方提出的条件太苛刻了。我想合作的事双方可以再仔细考虑考虑，再约个时间继续谈。”

要点解析：通常我们很难将拒绝的话说出口，但是有的时候必须做出拒绝。所以拒绝对方要找准时机，不能想什么时候说就什么时候说，想说什么就说什么。如果在双方情绪都很激动的时候拒绝对方，对方会难以忍受，认为你是故意这么做的，甚至会做出过激的反应；如果在对方刚刚提出建议的时候就断然拒绝，对方会觉得你没有礼貌、不尊重对方，是个独断专行、自私冷漠的人。即使有充分的拒绝理由，也要选择合适的拒绝时机才能得到对方的理解。拒绝别人不选择恰当的时机，会给对方留下糟糕的印象，尤其是在拒绝朋友的请求时，需要充分照顾到对方的情绪，否则可能会失去彼此的友谊。

专家支着：拒绝别人时要做到以下几点

1. 做出拒绝的决定前要经过认真的考虑。

2. 选择合适的时机拒绝对方。

3. 拒绝对方要有对方能接受的、合适的理由。

懂得处理谈判中的冷场

经典案例：某种稀有产品是A国的特产，底价为每千克20美元，外商皮特前来购买，赵阳是A国的代表。第一天下午开始谈判，赵阳提出每千克27美元的定价。皮特感到吃惊：“价格这么高,是不是搞错了？”“没有，没有搞错！”在得到肯定的答案后，皮特要求大幅降低价格。赵阳不肯松口，双方谈了半天，价格只降下了1美元。皮特还是不满意，双方僵持着陷入了冷场，谁也不知道该说什么。到了晚餐的时候传来消息，A国谈判的代表换成了另一位代表徐平。徐平微笑着与皮特坐到谈判桌旁。皮特询问价格，徐平笑着说：“听说昨天你和赵阳已经谈好了26美元的价格。”皮特忙说：“不是不是，还没有达成协议呢！”然后皮特与徐平再次开始价格拉锯，双方陷入僵局。到了中午，徐平说：“这样吧，我们先共进午餐，下午再接着谈。我原来以为你们已经谈妥，我是受命前来商谈其他细节的。但是我们已经僵持了这么久，我可以破例做主每千克再让0.5美元。”下午徐平与皮特再次谈判，提出的起价点是26美元，外商一听：“怎么上午谈的不算呢？”徐平说：“那就以25.5美元成交。”“不行！我绝对不会出24美元以上！”情急之中，外商说出了自己的底价，徐平立刻说：“那就按每千克24美元的价格成交了。”外商只好同意。

要点解析：谈判中经常会出现冷场，因为谈不拢的分歧而冷场、因为其中一方情绪失控而冷场、因为其中一方态度消极而冷场……要懂得处理谈判中的冷场，适时进行提问或探讨打破沉默的僵局。如果任由冷场继续下去，谈判将很有可能走向失败。在冷场时保持沉默、乱开玩笑、态度恶劣，甚至是拂袖而去，对方会认为你没有礼貌，对此项谈判并没有放在心上，没有报以认真的态度，而是敷衍了事。谈判中出现冷场已经是很尴尬的事，如果再不处理好情况就会更加糟糕。

专家支着：谈判冷场时，应该学会

1. 通过问问题、闲聊等方式打破沉默。

2. 通过进餐、休息等方式化解尴尬。

3. 要积极处理，不应消极沉默。

涉外商务有区分

客人到达后不可擅自马上安排活动

经典案例：王铭是某外资上市公司杭州分公司的办公室主任。今年6月，美国总公司的视察小组来公司检查业务，从北京一路南下，杭州是审查工作的最后一站。事关公司业绩考核，办公室丝毫不敢马虎，在视察小组还在北京的时候就开始着手准备。包括特派调查人员到北京搜集关于视察小组的信息，在一番打探之后摸清了小组成员的习惯与爱好，充分考虑了外国人的习惯后，对饮食、住宿、行程活动等方面做了精心安排。审查小组来杭州的当天早上，总经理与公司的高层管理人员都到机场接机，将客人接到之后，马上带着他们开车前往公司在杭州郊区的工地进行视察。虽然美国总公司的视察小组成员们没有发表任何意见，但是脸色变得不好看了。

要点解析：客人经过旅途的颠簸之后到达目的地，接待的人员马上安排活动，不顾其舟车劳顿是不对的。客人还没从旅途的劳累中休息过来，就马上擅自安排活动，会让客人感到很累，不利于缓解客人的疲劳。而且马上安排活动会让客人觉得接待人员迫不及待想早点将客人送走。在客人到达后，可以先让客人与接待方沟通熟悉一下，以增进沟通与了解。

专家支着：客人到达后，要进行合理安排

1. 可以先安排客人做短暂的休息，缓解旅途的疲劳。

2. 可以先介绍我方的情况。

3. 先询问客人的计划，征求客人的意见安排行程活动。

乘电梯时不可强行挤入

经典案例：谭玉辉是某五百强企业的宣传部长，某一天早晨，谭玉辉接到公司的任务，接待美国股东派来的工作考察团。谭玉辉明白这次接待工作的重要性，为了表示对对方的尊敬，他早早就带着助手等候在公司大门口，等待考察团的到来。考察团一行七人到了之后，谭玉辉热情地迎上去与客人寒暄，简单介绍了一下企业的基本情况，然后带客人到十六楼与企业总裁见面。由于是早上上班高峰时间，乘电梯的员工很多，谭玉辉着急带客人上楼，于是在电梯门开了之后拉住几位客人强行

挤入了很拥挤的电梯。虽然成功乘入了电梯，但是在电梯里，几位考察团的客人脸色都很不好看。

要点解析：电梯是公共设施，强行挤入电梯，使得电梯里更加拥挤，容易造成混乱，给乘电梯的人带来不便。为了陪同客人而强行挤入电梯，会给客人留下不好的印象，会让客人怀疑你和你所代表的单位的整体素质。

专家支着：乘坐电梯时应该注意以下几点

1. 乘坐电梯要遵守秩序，避免拥挤。

2. 电梯在自己进入后显示超重，应主动退出电梯。

3. 如果这一趟电梯已经满员，可以等待下一趟。

同乘电梯时应保持安静

经典案例：一天，一位客人乘坐电梯准备下楼去大堂。当电梯行至行政办公楼层时，走进两位穿着工作服的女员工。两位女员工一边聊天一边随手按了电梯楼层按钮。电梯里有很多人，但是她们两人旁若无人地继续聊天。一个人说："你今天戴的这条项链好漂亮啊，在哪里买的？"另一个人回答："你也觉得好看吗？我在商场买的，买的时候打五折呢，打完折才 200 多元，特别划算。""才 200 多元！也太便宜了，今天下班我也去商场逛逛。所有的商店都在打折吗？""是啊，每家店都在打折，特别划算，你去看看吧。"两个人一直不停地聊天，直到电梯到了她们要去的楼层。从走出电梯，到电梯门关上，都能听见两人在喋喋不休。见此情景，客人深深地皱了一下眉头。

要点解析：电梯里属于公共场合，需要注意自己的言行举止。乘电梯时应该保持安静，不要喋喋不休地说话。电梯里本来就狭窄，人与人都靠得很近，在电梯里说话可能会不小心将唾沫溅出，让旁边的人感觉不自在。而且乘电梯说话会让别人受到干扰，让人心烦意乱。乘电梯的时候谈工作上的事，可能会不小心泄露公司的重要机密；乘电梯的时候与恋人卿卿我我，会让电梯里的其他人感觉尴尬；乘电梯的时候与人谈论私生活，会让别人觉得你很聒噪。

专家支着：乘电梯时，需要注意自己的言行举止

1. 乘电梯时不要大声说话或者做夸张的动作。

2. 乘电梯时与他人保持适当的距离，避免与身边的人站得太近。

3. 不要在电梯里讨论自己的私生活和他人的隐私。

上下轿车要讲谦让

经典案例：在与同事一道接见外宾时，干事林风因为举止有失风度，招致了大家的非议。在机场接到外宾后，一行人准备上车去事先预订好的酒店。林风拉开车门就坐了进去，其余两位干事对视了一眼，先是热情地招呼外宾先上车，然后自己再坐进车里。很快司机将车开到了酒店门口，林风又马上打开车门自顾自地下了车，站在车外看两位同事有礼地请外宾先下车。林风觉得很纳闷，不就是坐个车吗，自己的两位同事怎么如此讲究？为什么一定要让外宾先上车，先下车呢？

要点解析：乘坐轿车时，要注意上下轿车的礼仪。如果上车的时候你不管别人自己先上车，下车的时候急急忙忙先下车，会让与你同行的人觉得你冒冒失失，有失礼仪。如果你身处高位，会让人觉得你在用身份地位打压他们，如果你只是个普通人，会让人觉得你骄傲自大。上下轿车时不懂谦让，会造成他人的误解和不满，给人以负面的印象，不利于同事、朋友或者宾客之间的交往。

专家支着：上下轿车时，要做到谦让

1. 请长辈、女士和来宾先上车，后下车。

2. 主人驾驶轿车时，均应后上车，先下车，以便照顾客人。

3. 由司机驾车时，前排乘客后上车，先下车。

送客时要等客人彻底离开后再返回

经典案例：一次商务谈判成功结束后，总经理带领手下的员工为外

商送行。外商的汽车启动后不久，参加欢送的员工们便各自散开，开始找车准备回去。这时总经理却依旧笔直地站在原地没有动，并让秘书立刻请回那些等车的员工。总经理很生气，严肃地批评自行离开的人，外商的汽车才刚刚离开，客人还没有走远，送行的人倒先走了，没有一点礼貌！这样对待特意前来商谈的客人合适吗？当天下午，总经理就把人事部的经理找过去，要求立即在《员工工作条例》上加上一条，即今后为贵宾送行，须等到汽车消失在可以看到的范围内，送行人员方可离开。

要点解析：送别初次见面的客人，不等客人的车离开就自行返回，会让对方认为你无心与他交好；送别贵客时，不等对方离开就先行返回，会让对方觉得你不重视他，会让对方感觉自己受到了敷衍和不尊重。送客时要以微笑的表情，真诚、尊敬的态度，鞠躬或挥手致意，切忌急于返回。应待客人完全消失在视野外，或在飞机起飞后，或车开出视线外后，或电梯门关闭后，才可结束告别。

专家支着：送客时应该做到以下几点

1. 送客时应该目送对方远去。

2. 送客时应等到对方走远以后再离开。

3. 送客时切忌态度敷衍不耐烦。

询问他人意见不宜采用开放式提问

经典案例：我国某冶金公司要向日本购买一套先进的冶金炉，派高级工程师何妙森接待日本商人。考虑到日本商人的路途劳累，何妙森邀请客人先到公司的待客室稍作休息。在给客人准备饮料时，何妙森询问客人："森田先生，您想要喝点什么？""喝什么都可以。"森田先生回答道。然后何妙森为森田先生倒了一杯咖啡，森田先生没有喝咖啡的习惯，端起来喝了一口就再也没喝过。到了午饭时间，何妙森陪客人到公司不远处的一个饭店吃饭。在点餐时，何妙森又问客人："您想吃什么，不要客气尽管点。"客人依然客气道："不用不用，你是主人你来点吧，我就客随主便了。”何妙森喜欢吃辣，于是根据自己的喜好点了水煮牛肉、麻婆豆腐、酸菜鱼。一顿饭客人只吃了一点就不吃了，因为他没有吃辣椒的习惯。

要点解析：在接待客人的时候询问客人“想喝什么”“想吃什么”“想看什么”这样的开放式问题是不合适的。一方面，客人会感觉不好意思，即使心里有对上述问题的答案，也不方便直截了当地提出来。另一方面，会给客人可以随意选择的暗示，如果客人提出来超出接待方接待规格的要求，或者提出接待方不具备的条件，会让客人觉得接待方事先准备不充分、小气吝啬。而且开放式的提问会显得接待人员不懂得待人接物，说话缺乏技巧，给客人留下糟糕的印象。

专家支着：询问客人时要注意一定的技巧

1. 询问客人想喝什么时，给予对方一定的范围选择。
2. 问清客人的喜好，不要自作主张替客人决定。
3. 接待客人，询问对方的需要时，态度要礼貌。

与外宾合作时要提供外语资料

经典案例：中国某钢铁公司向瑞士汽车公司出口钢材已经有两年，第三年，钢铁公司又向瑞士方面报价，以继续提供钢材。钢铁公司根据国际市场上的行情，将价格从前一年的成交价每吨下调了180美元，瑞士汽车公司觉得可以接受，决定安排相关人员到中国进行具体谈判。瑞士人员一行二人到了钢铁公司在辽宁的总部，双方谈了不到20分钟，瑞士谈判方说：“我们公司认为贵方提出的价格仍然偏高，请贵方再看看国际市场上的钢材价格。”钢铁公司的代表拿出准备好的资料说：“关于国际钢材的价格以及瑞士、中国市场上钢材的价格我方已经做过相应的调查与了解，这是关于钢材价格调查的资料，您可以看一看。我们认为现在这个价格是非常合适的，不能再降了。”正准备将资料递给对方时，公司的代表尴尬地发现，他们只准备了这份调查资料的中文版本，忘记将其翻译为英文，于是只能将谈判推迟到了3天后，等钢铁公司将资料翻译好再继续谈判。

要点解析：与外宾合作时要提供外语资料。与外国合作伙伴谈判却不提供对方国家的文字语言资料，是对对方的不尊重与轻视；与外宾进行科研合作却不提供相关的外语文献资料，容易在研究过程中出现错误与分歧；与外宾进行政治洽谈却不准备好外语资料，容易引起对方国家的误解和不满。提供对方国家语言的资料，是表示对对方的尊重，以及对双方合作的诚意。

专家支着：与外宾合作时，提供语言资料非常重要

1. 可以配备相应的翻译人员。
2. 要事先准备好对方所使用语言的外语资料。
3. 所提供的外语资料应该准确无误。

对外国人不可乱用手势语

经典案例：有位加拿大商人只身一人到巴西去谈生意，他在当地请了个翻译兼助手。加拿大商人与巴西人的谈判进行得相当艰难，几经努力，双方最终达成了协议。这时加拿大商人兴奋得跳起来，习惯地用拇指和食指合成一个圈，并伸出其余三指做出一个“OK”的手势，来表示他对谈判的结果很满意。然而在场的巴西人全都惊讶地望着他，男人们甚至表现出愤怒的神色，场面显得异常尴尬。加拿大人喜欢用“OK”的手势来表示满意与赞赏，可是在南美国家尤其是巴西，如果做这个手势，女性会认为你在勾引她，而男性则认为你在侮辱他，会马上做出戒备的姿态。

要点解析：不能对外国人乱用手势语。手势语是人类肢体语言体系的一个重要组成部分，可以表达人们的思想感情，有时甚至比词汇语言更有渲染力。但是在不同民族与国家之间，肢体语言存在着巨大的文化差异。在与外宾进行交往时，如果随便使用自己惯用的肢体语言，往往会产生误解和矛盾，造成始料不及的不良后果。

专家支着：使用手势语时，应该注意以下几点

1. 与外国人进行交流时，慎用手势语。

2. 用手势语之前，先了解该手势在外宾所在国家中的含义。

3. 如果在外宾面前用了不合适的手势语，应及时道歉并作出解释。

面对外宾要注意言行举止透露出的态度

经典案例：有一名在美国居住的华侨到国内与一家企业洽谈合作业务。他到中国来与该企业洽谈了很多次。最后一次来中国前，他对朋友说："这是最后一次前往中国进行商谈了，这一次我跟对方企业的最高领导人商谈，如果能谈好，就可以定下合作事宜了。"一星期之后，他回到了美国，朋友问他："你和中国企业谈成了吗？"他说："没有。"朋友问他为什么，他说："商谈进行得很顺利，对方也很有诚意，就是跟我商谈的这个最高领导人坐在我的对面时，不停地抖着他的双腿，我觉得他太不懂礼貌了。"

要点解析：接待不远万里而来的客人，态度应该恭敬而热情，要表现对对方的尊重，切忌做出不雅的动作。待客时面无表情，或者只点头微笑却不说话，或者虽然问候对方却语调生硬不自然，待客时过度热情、恭敬过头……这些都不是面对外宾正确的态度。如果面对外宾态度不恭敬，或者做一些不雅的动作，会让外宾觉得你不尊重他，是一个没有礼貌的人。

专家支着：接待外宾时要学会

1. 接待外宾时态度要恭敬有礼。

2. 切忌做出不雅的动作或者说出不雅的话。

3. 避免过度的恭敬，不可处处谦虚贬低自己。

注意英美词汇意义的差异

经典案例：美国的农产品贸易公司沃利公司与英国的食品加工企业

莱特公司一直是友好的合作伙伴关系。有一次沃利公司卖给莱特公司的玉米在海运的过程中因为储存不当受潮了，而莱特公司负责验收的库管人员因为工作疏忽没有发现玉米已经受潮，直到玉米被运送到工厂进行生产时才发现。莱特公司认为公司的仓库做好了防潮措施，玉米一定是在运输过程中受潮的，而沃利公司则坚持玉米是因为对方保管不当才会受潮。双方约好了时间就“受潮玉米造成的损失由谁承担”进行谈判。在谈判过程中，莱特公司提出由沃利公司全额承担玉米受潮所造成的损失。美国人表示不同意，说道：“Let’s table it.”意思是先放在一边吧，表示他们否决这个议案。英国人却将其理解为“Let’s table it！（我们投票表决吧！）”，以为美国人有妥协的意思。

要点解析：处于欧洲和美洲的英国和美国，使用着同一种语言。尽管使用的都是英语，但是由于文化、历史、地理、风俗、习惯的不同，两国人民在使用英语的过程中，会产生某些表达上的歧义。这些语言上的歧义表现在很多方面，如发音不同、词汇不同、语句不同、表达方式不同，等等。例如，在美国，“wash up”的意思是“洗脸”或“洗手”，而到了英国“wash up”则表示“洗碗碟”。在回应别人的感谢、表示不用客气的意思时，美国人多用“You are welcome.”而英国人则多用“Not at all.”或者是“Don’t mention it.”

专家支着：注意英美词汇的差异时，需要做到

1. 要对英式英语与美式英语加以区别。

2. 英式英语是一种严谨的语言。

3. 美式英语相对英式英语较为随性，有许多很口语化的方言和俗语。

Chapter 03

社交篇

——掌握社交礼仪，交际顺利进行

日常社交讲分寸

不可为自己的姓氏增添敬语

经典案例：博士陈文峰毕业后被分到一家研究所工作，成为单位里面学历最高的一个人。陈文峰觉得自己学历又高，条件又好，属于社会的精英人士，所以特别喜欢自称陈先生。入职之后，他与新同事们打招呼时喜欢这样介绍自己："你好，我是陈先生。""我是上海 ×× 大学的博士。"来到研究所工作 3 个月后，陈文峰也没能和同事们打成一片。同事们都在背后说，陈文峰虽然学历高，可是自视甚高，太过虚伪做作。

要点解析：一般来说，在做自我介绍时，不宜自称为"某先生"或"某小姐"，这样称呼有些不合礼仪。应该简单介绍自己姓什么，或者自己叫什么名字。如果在介绍自己的时候说"你好！我是张先生""我是夏小姐"会让人感觉很奇怪，有违中国谦恭的传统礼仪。虽然称呼问题是件小事，但也很能说明问题，因为由小见大，一个人的礼仪和素质一般从不起眼儿的小地方就能展现出来。使用不合适的称呼会让人觉得你欠缺礼仪知识，没有经验。如果不以为意，对称呼的问题不加以重视，会贻笑大方，时间长了会被他人所嫌恶。

专家支着：在不同的情况下，称呼自己时要注意

1. 面对领导或者上司，应该用全名介绍自己并对自己的职务加以说明。

2. 面对长辈，可以在姓氏之前加一个"小"字，如小张、小王。

3. 面对不熟悉的人，可直接说自己的全名。

非正式场合也不可随意称呼别人

经典案例：曹小成是某高校的一名大学生，他学的专业是会计学。曹小成虽然是个文科生，但是很喜欢运动，平时没有课的时候，经常去踢足球，或者去打篮球。一天他在打篮球的时候不小心把脚给扭伤了，拖着受伤的腿一瘸一拐走到校医院医务室。进门后他对坐诊的医生说："师傅，我的脚扭伤了。"坐诊的医生说："校医院里只有大夫，没有师傅，你要找师傅应该去学生食堂。"曹小成的脸立刻红到了耳根儿，连忙改口道："对不起医生，是我口误，说错了。"

要点解析：拿破仑曾经说过："你怎样对待别人，别人也会怎样对待你"。所以，你要想得到别人礼貌的对待，必须先做到礼貌地对待别人。在人与人之间的相互交流过程中，称呼是传递给对方的一种信息。不同的称呼方式与称呼语气能直接传达你对对方的态度，是热情的还是冷淡的，是尊敬的还是轻慢的，是友善的还是有敌意的，都能从你的称呼以及语气中表达出来。所以即使是在非正式场合也不可随意称呼别人，应当注意一些细节问题。称呼朋友和熟人，应该亲切、友好；对关系亲密的朋友和熟人，可以不加姓氏直接叫对方的名字，但不宜对异性这样称呼。工作场合可以以职务称呼，如"老板""经理"等，或者以职称称呼，如"教授""医生"等。

专家支着：称呼对方时应该注意以下几点

1. 决定如何称呼对方之前应该考虑对方与自己的关系。

2. 称呼熟人可以省略对方的姓氏直呼其名。

3. 称呼陌生人要根据对方的年龄与性别特征来称呼。

使用恰当的称呼很重要

经典案例：吴迪的一位外国朋友的生日快到了，他准备为对方订一个生日蛋糕。他来到一家蛋糕店，对服务小姐说："小姐，你好，我想在你们店里为一位朋友订一个生日蛋糕，同时写一个生日贺卡，你看可以吗？”服务小姐表示可以定做，并询问吴迪：“请问先生，您的朋友是小姐还是太太？”吴迪因为从来没有打听过，也不清楚他的朋友结婚没有，他仔细想了想说：“她已经三十多岁了，应该是太太。”生日蛋糕做好后，送货小姐按地址去送生日蛋糕，敲门后一名女子开门，送货小姐有礼貌地说：“请问，您是莉娜太太吗？”女子愣了一下然后不高兴地说：“我不是！”送货小姐很疑惑，再三确认了没有送错地址，又敲一遍门说：“没有错，莉娜太太，这是吴迪先生为您定做的蛋糕。”那女子生气地说：“我不是莉娜太太，这里只有莉娜小姐，没有莉娜太太。”

要点解析：称呼是当面交流时候用于表示关系的名称，称呼语是交流过程中的先行者。一声亲切而得体的称呼，不仅能体现你谦恭有礼的内涵，而且能使对方心情愉悦。为双方情感的交融与更深层次的交流打好基础，为深层交际打下基础。如果你随意给人起绰号，这样不仅会让对方不高兴，给人留下没有教养的印象，而且难登大雅之堂；如果你没有根据对方的性别、年龄来称呼对方，是一种对对方的不尊重，甚至会让对方生气。所以和对方交流时，使用恰当的称呼很重要。

专家支着：和别人说话时，称呼十分重要

1. 要使用恰当的称呼，切忌随意称呼对方。

2. 称呼对方一定要尊敬有礼，切忌轻慢冷淡。

3. 不要用含有侮辱性意义的词来称呼别人。

与人打招呼时切勿将手插在口袋里

经典案例：魏雨欣是一名刚刚从吉林某大学毕业的大学生，毕业的时候因为一个很有发展潜力的工作岗位留在了东北。魏雨欣的老家在海南，她自己也是一个土生土长的海南人。海南一年四季都很暖和，所以她特别不能适应东北寒冷的气候，每到冬天就穿得里三层外三层，恨不得把自己裹成一只熊。今年1月初，公司的一个长期合作的美国客户到

公司进行考察，公司派总经理和魏雨欣去机场接客户。虽然机场大厅里有空调，但是因为魏雨欣特别怕冷，所以魏雨欣一直将手插在羽绒服的口袋里。看到客户之后，总经理热情地迎上去与客户握手寒暄，魏雨欣作为助理站在总经理旁边，附和总经理的话，并不时做一些补充。回公司以后，总经理将魏雨欣叫到办公室，批评她不懂礼貌，因为在接待客人的时候，魏雨欣一直将手插在衣服口袋里。

要点解析：与人打招呼时，把手插在口袋里是不礼貌的表现。换位思考一下，如果你在路上遇见一个朋友，你热情地和他打招呼，而他只是点点头向你示意，然后说一句“你好”，这样的回应是不是会很让你失望？虽然你嘴上不会明说什么，行动上却会选择慢慢疏远这个朋友。每个人都希望自己受到别人的尊重，打招呼虽然只是一件看似不足挂齿的小事，但是其中流露出来的细节很能表现出一个人的礼仪与素质。

专家支着：打招呼时需要注意

1. 与人打招呼时，切忌将手插在口袋里。

2. 可以通过挥舞手掌或者拥抱同对方打招呼。

3. 不要一边吃东西一边与人打招呼。

4. 保持手部的干爽整洁，以免握手礼时给他人不好感受。

远距离高喊对方名字很不礼貌

经典案例：范毅是一个大型连锁超市公司总部的财务总监，他工作踏实认真，两年来将公司的财务打理得井井有条，公司非常欣赏他，有意向在下一次人事调动的时候派他去四川分公司做总经理。有一天，公司的一笔账目出现了问题，由于事关重大，范毅无法独自决定，于是准备去请示总经理。走出办公室，范毅看见总经理与一名陌生男子走在过道里，眼看总经理就要走远了，范毅一着急，就大声喊道：“总经理！总经理！”总经理停下来转过身看着他，范毅小跑过去，一边跑一边说道：“财务部有一点急事，我正准备去办公室找您呢，刚好在这儿看见您了。”

总经理拉下脸来，批评他："这么咋咋呼呼的成什么样子，你没看见我在和新客户谈事情吗？再急的事也等我接待完客人再说！"事后总经理又将范毅叫到办公室批评了一顿，最后说他这样急躁的性格还需要再磨炼一下，看来范毅升职的事得推后再议了。

要点解析：如果你正走在路上，突然有人大声叫你的名字，你肯定会吓一跳。所以最好不要在距离对方很远的地方大声叫喊对方的名字。如果你的朋友正在和朋友约会，你突然大喊对方的名字，对方会感觉很尴尬；如果你的上司正在和别人谈工作上的事，你突然大声喊他，会让他失态，进而对你产生厌恶。在公共场合大喊别人的名字，会让附近的人吓一跳，引起公愤。大声呼唤他人的名字是不礼貌的行为，会让对方感觉不舒服，也会影响自己的形象。

专家支着：呼喊对方的名字时，需要注意以下几点

1. 如果对方正在和朋友说话，不要贸然叫对方的名字。

2. 在电影院、公交车等公共场合不要大声说话。

3. 如果对方已经看见你了，但是马上转移目光，说明对方不愿意和你打招呼。

介绍自己的同伴时并不需要十分详尽

经典案例：卢雨的高中同学易梅梅结婚，给卢雨发了喜帖。婚礼当天卢雨带着男朋友去参加易梅梅的婚礼。因为第一次带男朋友参加高中同学的婚礼，卢雨向朋友们介绍自己的男朋友说："这是我的男朋友刘峻，我们在同一个公司上班，在一起三年了。"朋友们都表示祝福："你男朋友很不错啊，一表人才，你们俩真般配。""他哪里不错了，也就是学历高一点。你们猜他是哪个学校毕业的？复旦大学，还是研究生！但是他生活上可邋遢了，夏天穿的衣服好几天都不洗，在家也从来不做饭，不洗碗。成天就知道玩游戏，我都烦死了，真想把他的电脑给砸了……"卢雨不停地唠唠叨叨，完全没注意到自己男朋友和朋友们越来越尴尬的神色。

要点解析：主动向别人介绍你的朋友是礼貌的表现，但是不需要太过详细，简单介绍一下即可。假如和一个关系一般的人在路上偶遇，对方无比热情地向你介绍他的男朋友是做什么的，有什么缺点，有什么优点，他们怎么认识的，你一定会感觉厌烦，因为你根本不想如此详细地了解对方的男朋友，而且会觉得对方在向你炫耀或是嘲讽。详细介绍自己的同伴，会让对方感觉你不怀好意，并且也浪费双方的时间。

专家支着：介绍自己的同伴，应视不同情况而定

1. 在工作场合，只需介绍同伴的姓名、公司和职务。

2. 在社交场合，只需要简单介绍同伴的姓名，以及自己与同伴的关系。

3. 在偶遇的情况下，除非必要，否则可以不用介绍自己的同伴。

寒暄要恰如其分，适可而止

经典案例：蜀锦小区的刘大婶是一个出了名的爱管闲事的人，闲来无事总是拉着邻居东家长李家短地聊个没完。一天早上，小区的张大婶和儿子何灿一起出门买菜，遇到在小区门口跳完广场舞往家走的刘大婶。看到张大婶和儿子走在一起，刘大婶眼睛一亮。她早就听说张大婶的儿子一表人才，但是一直没有机会向张大婶打听过。刘大婶热情地对张大婶说："老张，准备出门买菜呢？这是你儿子吗？""是啊，正好今天周末，不用上班，他就陪我去买菜。""哎哟小伙子长得可真好，几岁啦？有女朋友没有？需不需要婶子介绍？我有个侄女，长得可漂亮了，性格也好，和你挺配的。""他还小呢，不着急结婚。"张大婶看儿子有点不高兴，连忙说道。"都工作好几年了，也该结婚了！你儿子做什么的？在哪工作？一个月工资多少？"何灿一听更不高兴了，拉着张大婶就走，说道："妈，我们快走吧。你不是想买几条鱼吗？去晚了，剩下的就不新鲜了。"看着走远的两人，刘大婶还在嘀咕："这小伙子，咋这么没礼貌呢？"

要点解析：日常见面的寒暄要懂得适可而止，切忌没完没了地寒暄。在路途上或一些公共场所里遇到熟人，顺便打个招呼。一般寒暄就是说

一句“你好”“今天天气真好”“上班去呀”，甚至有时候只是相互点一下头，摆一下手，微笑一下，擦肩而过不用停下来。如果在寒暄的时候说个没完，会让对方感到有负担；如果在寒暄的时候问一些涉及个人隐私的问题，会让对方感到尴尬，甚至怀疑你别有目的、不怀好意。

专家支着：寒暄时应该注意以下几个方面

1. 寒暄要适可而止，过多的废话会让人厌烦。

2. 在不同的环境，可以选择不同的寒暄语言。

3. 对方正在忙的时候，不要刻意上前寒暄，可以用点点头笑一笑来代替打招呼。

主动与认识的人打招呼

经典案例：李静人如其名，是一个非常文静的姑娘。但是她实在是太内向了，每次在学校里遇到认识的同学，都不好意思和对方打招呼，总是假装在看别的地方或者是把头低下躲避同学的视线。时间久了，同学们都不喜欢李静了，觉得李静是一个傲慢的人，因为她从来不主动和别人打招呼。渐渐地，李静被同学们孤立了，平时大家约着去哪里吃饭或者是周末去哪里玩的时候从来没有人邀请李静一起去。就这样，李静变得越来越文静，越来越内向。现在不敢主动和别人说话，也不会主动找同学一起玩耍。

要点解析：很多人不重视主动向认识的人打招呼这件事，觉得反正是天天见面的朋友，关系很好，所以每次看见都不用打招呼；而对于关系一般的人，怕打招呼之后，对方不认识自己很尴尬；还有些人认为先向别人打招呼很丢面子，总是等着对方向自己打招呼。其实，通过主动向人打招呼可以让自己更加吸引人。主动和人打招呼，虽然只是一件简单的小事，但是如果能做好这件小事，就可以让你和朋友们之间的关系更好。遇见认识的人主动打招呼，传递的信息是：我重视你，我的心里有你。谁会不喜欢这样的信息？谁不愿意自己被朋友所重视呢？见到朋友主动打招呼，说明你眼里有朋友；见到老师主动打招呼，说明你心中敬重老师；见到领导主动打招呼，说明你尊敬领导。

专家支着：与不同的人打招呼时应学会以下技巧

1. 遇到认识的人应该主动同对方打招呼。

2. 可以根据对方与自己亲疏程度的不同和地域文化的不同，灵活选择打招呼的方式。

3. 和自己不是很熟的朋友打招呼时，可以先简单介绍一下自己。

握手时应起身站立

经典案例：柯楠是某投资公司新招的金融实习生。上班第一天，他早早地就来到了公司。将自己的办公桌清洁整理了一遍之后，柯楠打开电脑里面的资料，开始熟悉将要做的工作。这时人事部经理与业务部经理一起走过来。人事部经理向双方介绍道："王柏，这是公司新招的实习生柯楠，以后就归你管了。柯楠，这是业务部经理王柏，以后你就跟着王经理。"柯楠并没有站起来，仅仅转过身与王柏握手："你好王经理，我是柯楠，今后请多多指教。"王柏脸色有点不好："嗯，柯楠是吧……"业务部经理见状连忙说："坐在凳子上和领导握手，这样像什么话！"柯楠脸一红，连忙站起来，感觉非常不好意思。

要点解析：向他人行握手礼时，除非是长辈或女士，只要有可能，就应起身站立，坐着与他人握手是不合适的。握手时最好的做法，是双方站立，彼此将要相握的手各向侧下方伸出，伸直相握后形成一个直角。试想，如果你热情地同对方握手，对方与你握手却坐在凳子上不站起来，你肯定会感觉尴尬与失落，认为对方不尊重你、轻视你，进而猜想对方并没有与你交往的愿望。所以握手的时候也要注意亲切有礼，起身站立同对方握手。

专家支着：同对方握手时应该符合礼仪要求

1. 与他人握手，需要起身站立。

2. 握手时，应面带微笑，目视对方双眼，表现出热情和友好之意。

3. 握手的顺序要根据握手人的社会地位、年龄、性别和身份来确定，让尊者享有握手的主动权。

切忌满嘴的糙话

经典案例：钟伍明是一个上市公司的财务部经理，虽然年纪轻轻，事业有成，但是一直找不到女朋友。有一天，钟伍明的二姨给他妈妈打来电话，说自己好朋友有一个女儿叫吴倩倩，长相、条件各方面和钟伍明都挺般配的，想要介绍给钟伍明。家里安排两人先见个面。双方见面的地方是一个西餐厅，安静优雅。钟伍明先到，10 分钟后吴倩倩也到了。双方商量点什么菜时，钟伍明说："老子不吃牛肉，难吃死了。""嗯……那不点牛排吧。""沙拉也别点，一点肉也没有，跟喂兔子似的，简直比屎还难吃。""你想吃什么？""我随便，你决定吧。"匆匆吃完饭后，吴倩倩打电话给母亲，表示无论如何也不能接受钟伍明，因为他脏话连篇，太没素质。

要点解析：在公共场合说脏话，会给人留下没有素质的印象；在异性面前说脏话，会让对方嫌恶你、躲避你；在长辈面前说脏话，会让人觉得你目无尊长；在领导面前说脏话，会大大降低你在领导心中的形象。而且说脏话会有失身份，显得你没有教养。在任何时间、地点和场合，都不应该说脏话，我们应该抛弃脏话这样的低俗习惯，做一个知书达理、懂礼貌的人。

专家支着：避免说脏话，应该做到

1. 养成不说脏话的好习惯。

2. 如果不小心说了脏话，应该及时向对方道歉并加以改正。

3. 向身边人传播拒绝说脏话的正能量。

请求帮助不可超出别人的能力范围

经典案例：何玉华和王莲是同一个部门的同事，但是平时关系一般，除了工作上的事，在私底下不怎么接触。何玉华的儿子今年要从小学升初中，听说王莲的老公在教育局工作，便想拜托他给儿子安排一个重点初中。王莲很为难，告诉何玉华："虽然我老公在教育局上班，但是他分管的是财务部分，根本说不上话。而且小孩读哪个初中都是随机分配的，要的就是对每个学生公平。擅自进行调动是不符合规矩的。"何玉华还是不死心："就不能请你老公帮帮忙吗？求求你了。家里就这一个孩子，真的很希望他能读个好学校，有一个好前程。"王莲很为难，何玉华的请求超过了她的能力范围。可都是同事，她又不好太过直接地拒绝，只好在公司尽量躲着何玉华。

要点解析：用友情作为筹码，要求对方做一些超出能力范围的事情，是不为对方考虑的行为。即使事情再紧急，你再迫切地需要得到对方的帮助，也不可超出对方的能力范围，这样你的困境不仅不会得到改善，还会影响你与朋友之间的友谊。

专家支着：请求别人的帮助应该遵循适度原则

1. 不要请求别人帮你做你做不到的事情。

2. 请求别人的帮助不要超过对方的能力范围。

3. 帮助别人不要主动要求回报。

待客做客需礼貌

切忌以旧茶剩饭待客

经典案例：有一天，蒲松龄的家里来了几位客人，蒲松龄很想招待他们吃饭，可是家里只有昨天晚上吃剩下的剩菜剩饭，家里没有新鲜的食材，而这个时间集市也已经散了。他的妻子刘氏建议干脆就用剩菜剩饭招待客人。蒲松龄却说："万万不可！"并在客人不注意的时候悄悄告诉妻子应该怎么做。于是，他的妻子刘氏到村口买了一把韭菜，一把豆腐渣，一个冬瓜。然后从门前的柳树上掐下一把嫩柳叶，从鸡窝里掏出几个鸡蛋便开始做菜。菜做好以后，每上一道菜，蒲松龄都报出一个非常别致、好听的名字。虽然招待客人的菜很简单，但是重在心意和新意，客人们对这顿简单的午饭非常满意。

要点解析：用剩菜旧茶待客是不礼貌的行为。用剩饭剩菜待客，会让客人觉得自己是不受欢迎的，从而对主人心生不满；用隔夜的茶或者是很久之前泡好的茶招待客人，会让客人感觉自己被敷衍、被怠慢。热情地邀请他人到家里来做客，对客人嘘寒问暖关怀备至，却用剩菜旧茶招待客人，显得不够诚恳。

专家支着：招待客人时应该真诚大方

1. 不能用前一天的茶或是之前沏的茶，应该重新沏新茶。

2. 应该准备新做的饭菜，不可让客人吃上一顿剩下的饭菜。

3. 茶水和饭菜应该大方得体，干净卫生。

不可当着客人的面与家人争吵

经典案例：尹前言和好友陆飞约好周末到陆飞家做客，当天一大早他便登门拜访，受到了陆飞和他的妻子张亚兰的热情接待，整个屋子里都充满了欢声笑语。中午吃过午饭后，陆飞让妻子去洗碗，自己想和尹前言继续聊天。张亚兰不乐意，说："每天的饭都是我在做，碗也都是我在洗，你可真悠闲。""那我还在外面挣钱养家呢。"陆飞反驳道。"说得就跟我没有工作挣钱一样！凭什么每天我辛辛苦苦上完班，回家还要伺候你这个大爷啊！"张亚兰怒了。陆飞一听，也生气了："就叫你洗个碗，你的废话就这么多，那你平时出去买东西，大把大把花钱的时候我说过你吗？我的衣服来来回回就那么几件换着穿，你倒好，隔三岔五买新衣服，我说过你吗？”“我今天还就不伺候你了！”说完张亚兰就摔门离开了。看着好友与妻子的争吵，尹前言感觉很尴尬，他不知道该怎么办才好，真是走也不是，留也不是。

要点解析：生活中难免会有磕磕碰碰，但是要注意，不要在大庭广众面前争吵，更不要在客人面前争吵。若在客人面前争吵，不但不能解决问题，反而会让人尴尬。在客人面前吵架，会让客人左右为难，感到尴尬，产生“自己是不是来得不是时候”的疑惑；当着客人的面吵架，会让客人认为主人可能是在针对自己；当着客人的面吵架，吵架的双方会死要面子不肯低头，最后的结果是双方都下不来台。有道是“家丑不可外扬”，不管怎样，也不应该将家里不好的一面暴露在客人面前。并且当着客人的面与家人吵架，会影响主人与客人之间的沟通与交流，让客人对以后再去该主人家做客产生畏惧心理。

专家支着：招待客人时要注意以下几点

1. 招待客人的时候，应该与家人和谐相处。

2. 即使对家人心有不满，也要在送走客人之后再解决与家人之间的矛盾，切忌在客人面前与家人发生争吵。

3. 招待客人的时候，态度应该热情有礼。

待客时应管好自家小孩，避免打扰客人

经典案例：星期天的上午，上五年级的伊伊正坐在沙发上看书。“叮咚”“叮咚”，有人按门铃。她开门一看，是妈妈的好朋友林阿姨和她的女儿璐璐，就大声喊道：“妈妈，林阿姨她们来了。”等妈妈出来以后，伊伊就躲进了自己的房间玩电脑了。过了一会儿，伊伊出来喝水，发现妈妈把自己刚刚看的书拿给璐璐看，她冲过去一把夺回书，说：“谁允许你看我的书的？”妈妈留林阿姨和璐璐吃饭，妈妈做了很多好吃的招待她们。伊伊一看有自己最爱吃的糖醋排骨和油焖大虾，立刻站起来，把排骨碗和虾盘放到离自己最近的地方，自顾自地吃起来。吃完饭，林阿

姨和妈妈坐在沙发上聊天，伊伊一会吵着要看电视，一会闹着要吃冰激凌，总是不停地打断妈妈和林阿姨的谈话。

要点解析：任由自家的小孩打扰客人是不对的行为。在与客人商谈重要事情的时候，小孩在旁边大声尖叫，跑来跳去；主人的小孩哭着闹着非要客人手上戴的手链；客人留着一头漂亮长发，主人的小孩就不停地拉扯玩弄客人的头发……小孩出现这样的表现，主人一定要及时制止，不能任由孩子打扰客人。因为客人不可能和一个小孩子计较那么多，但是若总是被打扰，不免会情绪烦躁。而且小孩总是在旁边打扰客人，会影响主人与客人之间的交流。常言道："子不教，父之过。"孩子表现得没有礼貌，客人肯定会认为你家的家教不好才会出现这样的情况，进而对你家产生"没家教"的印象。

专家支着：避免自家小孩打扰客人，应该做到

1. 招待客人的时候，应该先安顿好家里的小孩，教育小孩不可以打扰客人。

2. 在小孩子打扰到客人的时候，切忌训斥、打骂小孩。

3. 平时对小孩要加强礼仪素质方面的教育，教其讲文明，懂礼貌。

待客殷勤周到，注意适当有度

经典案例：下午放学后，小峰在认真地做作业。这时，电话铃响了，小峰拿起电话说："您好，请问您找谁？"原来是何叔叔来电话找爸爸，小峰对他说："爸爸今晚 7 点钟回来，到时候您再和爸爸联系吧。"吃过晚饭，门铃响了，小峰打开门一看，原来是何叔叔。小峰热情地给何叔叔开了门，给他倒了一杯热茶。何叔叔送给小峰一个变形金刚，他高兴极了，双手接过变形金刚，说："谢谢叔叔！"爸爸和叔叔谈话时，小峰轻轻地走回卧室并把房间门关上。过了一会儿，何叔叔要走了，小峰和爸爸一起把何叔叔送到门口，对他说："何叔叔再见，欢迎您下次再来。"叔叔摸摸小峰的头，对小峰的爸爸说："你儿子真有礼貌。"

要点解析：若有客人来家应尽可能地提前准备一下，将房间打扫干净，准备一些茶点和水果，有利于创造聊天时愉快轻松的气氛。客人来访时，要热情地招呼客人“请进”“请坐”“请不必拘束”。对于很要好的老朋友，不必过分客套，但也要准备茶点、糖果热情招待对方，使对方感到就像到家了一样，让你们之间的友谊更加长久；对于因公事前来的客人，事先准备好茶水就可以，因为有更重要的事要谈，不需要太过计较这些小节。请客人留下吃饭时，要多考虑客人的习惯，不应过分劝酒或是殷勤地给客人夹菜，免得客人不喜欢吃，也不好意思拒绝，一切都要顺应客人的需要。

专家支着：招待客人时要想殷勤周到，需要做到

1. 招待客人时，态度应该热情有礼。

2. 切莫过分热情地招待客人，这样会让对方感到不适。

3. 在客人到来之前，提前做好准备。

注意待客礼貌问题，切勿强留客人

经典案例：徐子聃和蒋梦是一对新婚小夫妻。周末，夫妻二人计划下午去朋友家拜访，商量一件关于工作上的重要事情，然后晚上回父母家，陪父母吃个饭。到朋友家时，朋友已经早早地收拾好等候二人的到来。谈完事情之后，徐子聃和蒋梦起身准备告辞，朋友热情地挽留他们留下吃晚饭，说道：“今天来都来了，晚上也别走了，我做饭可是一绝，一定得让你们尝尝我的手艺。”夫妻二人推辞道：“不用不用，那太麻烦你了，我们准备回家吃饭。”“可别跟我客气啊，留下留下，晚上我准备做糖醋排骨，这可是我的拿手菜，你们留下来吃了晚饭再走。”“可是我们和父母说好了晚上回家吃饭的，这样不太好，不如改天吧。”两人很为难。“别改天了，就今天！今天你们不留下吃饭，可就是不给我面子啊。”两人很是为难地答应了留下吃饭，然后给父母打电话，告诉父母，朋友的盛情难却，晚上不能回去吃饭了。

要点解析：从表面上看，强留客人是因为你的热情好客，其实这并不是礼貌的行为。如果你和来访的客人关系一般，强留对方会让对方感觉莫名其妙，并且会显得你虚伪做作、虚情假意；如果来访的客人是异性，强留可能会让对方产生厌恶之感；如果来访的客人确实有重要的事情，强留对方不仅会耽误对方的正事，还会让对方感到不满。如果客人已经尽兴，再强留客人就是多此一举，反倒会让客人的心情由好变坏；如果来访的客人在这次拜访表现得不是很愉快，强留对方只会加重对方不愉悦的心情。所以不管怎样，强留客人都不是合乎礼仪的行为。

专家支着：强留客人应该考虑对方的感受

1. 如果客人表现出要走的意图，可以做适当的挽留。
2. 如果客人的去意已决，或是真的有要紧事，不用强留客人。
3. 如果与客人的关系较密切，可以做适当的挽留。

下逐客令要讲究方式

经典案例：华强是一家纺织工厂的老板。一天，一位有意向纺织厂订货的客户想要商讨关于订货的细节，于是到华强家拜访。华强很热情地接待客人，为对方沏上自己新买的茶。寒暄几句过后，双方到书房就订货的细节开始进行讨论，直到晚饭前才将所有细节敲定，并准备第二天一早签订合约。华强看了看表，平时家里都在这个时候开饭，于是他便对客人说："既然这样，现在时间不早了，我也就不留你吃晚饭了，具体签合约的事咱们明天到厂里再谈吧。"客人听出华强是在下逐客令，心里很不舒服。华强话里的意思好像是自己死皮赖脸留着不走，生怕自己想要留在他家蹭饭似的。客人嘴上虽没有说什么，脸色却不是很好，说了一句"告辞"便拂袖而去了。

要点解析：中国人凡事都讲究委婉，如果下逐客令不讲究方式，会让客人难以接受。你觉得客人已经待了很长时间了，直接告诉对方"你可以走了"，不仅会让客人尴尬，而且显得你没有礼貌。你不耐烦地接待客人，对客人横眉冷对、出言不逊，就会让客人心生不满。不为他人着想、不懂接待礼仪的人，以后可能就不会再有机会接待曾经粗鲁驱赶的客人了。所以下逐客令要注意方式，尽量采取委婉一点的方式，让客人尽兴而归。

专家支着：下逐客令要讲究方式

1. 客人如果迟迟不走，可以委婉提示对方是时候离开了。

2. 主人可以询问客人之后有什么安排，顺势说出自己的安排来暗示客人自己待会还有别的事情要做。

3. 可以通过告诉客人现在已经几点了的方式暗示客人应该离开。

上门拜访前需要提先预约

经典案例：周末，杨芸两夫妻在家做大扫除，弄得家里很乱，正在他们忙得热火朝天的时候，门铃响了。杨芸很纳闷，不知道是谁。打开门一看，原来是她大学同一个寝室的室友吴兰兰。吴兰兰笑着对杨芸说："自从你结婚后我们好久没见了，今天我过来这边办事，想着你家就在附近，就顺路来拜访你，没有打扰到你吧？"杨芸愣了一下，忙道："快请进！快请进！"然后手足无措地招呼吴兰兰坐下，然后两人开始聊天。其实杨芸心里很尴尬，吴兰兰来之前没有提前跟她说，她也没有任何准备。刚好周末和丈夫一起大扫除，弄得家里脏乱不堪，自己还穿着打扫卫生穿的破旧的家居服。在这样的情况下接待客人，她实在是很尴尬。

要点解析：没有事先预约，贸然登门拜访是不符合礼仪的行为。如果你有重要的事，则落空的可能性会加大。因为商务性事务或者公务性事务，没有事先预约，直接去对方的办公室拜访，对方可能正在开会，没有空闲接待你；如果对方根本不在办公室，你就白跑一趟，连同对方打个照面的机会都没有。如果是进行私人拜访，贸然上门，对方可能根本不在家，或者正在招待别的客人、举行家庭聚会、进行大扫除等，甚至对方有可能正在与家人吵架，你的突然到访会让对方不知所措，甚至感觉尴尬。拜访者没有事先预约，直接上门拜访，会让主人感到突然、尴尬，但又不好直接对客人下逐客令，并且主人事先没有做好招待客人的准备，对客人的招待可能不会让客人满意。

专家支着：上门拜访前先预约，应注意

1. 上门拜访之前要提前给对方打个电话或发个信息，预先约定好时间，以便对方事先做好安排。

2. 约定好时间以后应该遵守约定，准时到达。

3. 上门拜访的时间要选择恰当，太早或太晚都不合适，容易影响主人的正常生活和工作。

去别人家拜访时进门换鞋以示尊重

经典案例：秦雅在家排老三，上面有一个姐姐、一个哥哥，下面有两个弟弟、一个妹妹。因为兄弟姐妹多，每到过年的时候就格外热闹。大家约定好了过年的时候从初一到初六，按顺序到每个姊妹家走亲戚。大年初三轮到秦雅家，一大早整个家族的人都到了秦雅家。因为人很多，家里没有足够的拖鞋，秦雅就提议大家都穿鞋套进屋。这时大姐说话了："哎呀，照我说干脆就别换鞋了，多麻烦啊。""是啊，这么多人，一个一个穿鞋套太麻烦了，而且鞋套穿着好丑的。"五妹也附和道。秦雅无奈，只好同意让大家不换鞋进门。

要点解析：去主人家中做客，换鞋是起码的礼貌，是对主人劳动成果的尊重，也是自身素质的一种体现。登门拜访时鞋子会将户外的灰尘、杂物带进屋子里，让主人精心打扫过的地面变脏，还有可能会带来病毒、细菌等危害健康的因素。进门是否换鞋不是非做不可的原则性问题，但如果主人家有进门换鞋的习惯，作为客人应该尊重主人的习惯，进门换鞋。通过进门换鞋这一细节，能体现出客人良好的礼仪修养，体现出客人对主人的理解和尊重。

专家支着：去别人家做客时，穿鞋很重要

1. 进门前主动询问是否需要换拖鞋。

2. 尽量避免穿很脏的鞋子。

3. 换下来的鞋子不要随意乱放，应该放在主人指定的地方。

拜访时不可提出不合理的要求

经典案例：周朝去朋友家做客时，朋友很热情地招待了他，并且决定亲自下厨给周朝做一些拿手菜。在朋友做饭时，周朝无聊就四处看看，当他来到朋友的书房时，被书架上摆放着的一个小摆件吸引住了，爱不释手地把玩起来。周朝的朋友做好了饭菜叫他，然后他拿着那个摆件过去，直接对朋友说："这个东西不错，送我吧。"朋友面露不舍："这个是我去马尔代夫旅游时带回来的纪念品，就带回来了这一个。"周朝毫不在意地说："没事儿，没事儿，纪念品而已，送我啦！有机会我去马尔代夫的话，也给你带回来一个。"朋友无奈，只得应允了他的要求。但是之后，朋友再也没有邀请周朝来过家里，与他的距离更是越来越远。

要点解析：去别人家做客时，不能因为自己是客人就随意提出不合理的要求。你喜欢上网玩游戏，就要求主人家的孩子将电脑让给你玩，主人会觉得你太不把自己当成外人；你喜欢吃鱼，就要求主人晚餐一定要做鱼给你吃，如果主人事先没有准备好食材，你可能会认为主人并不欢迎你；你的朋友刚好办事经过主人家，你不经过主人的同意就擅自邀请朋友来主人家玩，并提出让朋友在主人家吃晚饭，主人会感觉不舒服。因为你完全是在以房屋的主人自居，丝毫不懂得在别人家做客应有的礼貌。做客时，应该明白自己是客人，遵循客随主便的原则，不要向主人提出不合理的要求。

专家支着：客人在向主人提要求时应该注意

1. 不可主动向主人提出自己要吃什么、喝什么。

2. 做客时，应该尊重主人的习惯。

3. 做客时，不可提出让主人为难的要求。

主人做家务时应当主动帮忙

经典案例：海伦娜受邀去中国朋友家吃饭，海伦娜带了一束盛开的香水百合和一盒巧克力准时出现在朋友家门口。朋友的妻子愉快地把花插到花瓶中，摆在了餐桌上。朋友的女儿接过巧克力，蹦蹦跳跳地把海伦娜迎到了客厅。晚餐开始后，海伦娜把手机调到了静音，坐到餐桌上，她把餐巾平铺在腿上，从最外侧的刀叉开始用起。主菜是牛排，海伦娜切下一小块放到嘴里，吃完后又切了一小块。海伦娜与朋友边吃饭，边轻松地交谈，整个晚餐在愉快的气氛中度过。一顿愉快的晚餐结束后，朋友和他的妻子开始收拾餐具，这时海伦娜主动说："我来帮你一起收拾吧。"她端起餐桌上的盘子便送到了厨房里。

要点解析：在拜访主人时，如果对方正在忙着做事，如收拾屋子、整理书房等，这时应该主动上前帮助。吃完主人做的饭后，应该主动帮助主人洗碗。如果你怡然自得地享受着主人的招待，在对方忙得不可开交的时候还冷眼旁观，会招致对方的反感，认为你来做客单纯是为了享受。主动帮助他人是中华民族的传统美德，即使是上门做客，在力所能及的范围内也应主动相助。

专家支着：主人做事时应主动帮助

1. 在主人家做客时，应该主动询问主人是否需要帮助。

2. 在主人忙着做某事时，应该帮助主人做自己力所能及的事。

3. 在主人忙着做事的时候，不要打扰对方，使对方分心。

切忌未请示主人就随便乱转

经典案例：徐晋林和好哥们儿冯西约好周末到冯西家玩。星期六一大早徐晋林就到了冯西家，冯西的爸爸妈妈都去上班没在家。没有家长的束缚，两个少年感觉很自在。徐晋林第一次来冯西家，这看看那摸摸，对什么都很好奇。冯西去拿饮料的时候，徐晋林已经进了冯西父母的房间。“哎，你干吗呢？那是我爸爸妈妈的房间。”冯西有点不高兴。“我知道啊，我就随便看看，又不会怎么样。”徐晋林满不在乎地说。冯西一听这话就生气了：“你别这样说！我爸妈最讨厌别人随便进他们的房间了，你快出来，我带你去我的房间玩。”“好吧，你家的规矩可真多。”徐晋林觉得冯西太不够哥们儿了，这点小事都能生气。

要点解析：随便乱串主人的房间，是不尊重主人的表现。你头一次登门拜访，主人让你在客厅里坐，你却探头探脑地张望其他房间，甚至没有征得主人的同意就擅自走进别的房间参观。如果该房间有人，擅自推门而入是对对方的冒犯；如果该房间里藏有主人不愿意让你看到的东西，你的闯入会让主人感觉尴尬；如果该房间没有打扫，你的闯入会让主人感觉难堪。试想一下，你邀请朋友到家里来做客，对方来了之后招呼也不打一声就闯入你的卧室，你肯定会感觉很不舒服。所以去主人家做客时，没有征得对方的同意之前，不要随便进入主人的房间。

专家支着：在拜访别人时要听从主人的要求

1. 尽量在主人指定的区域内活动。
2. 进入房间之前，应该先征得房间主人的同意。
3. 未经允许不要私自翻看主人的东西。

对主人家的宠物或孩子要表示喜爱

经典案例：方雨欣的好姐妹潘小英生完孩子刚刚出月子，方雨欣决定去看看她。提前约好了时间，第二天方雨欣带着一束百合花和一套婴儿服装准时到达。潘小英愉快地接过礼物，热情地将方雨欣迎进家门。一进家门方雨欣就看见婴儿床上躺着的小宝贝，她凑过去看，连声称赞：“这是你儿子吧，多大了？真可爱。”“才一个月大。”“憨憨的，真可爱。不过看起来好像不太聪明呢。”“才一个月大的孩子，哪里能看得出聪不聪明。”潘小英有点无语。“真的，我听别人说鼻子太大的小孩儿都不怎么聪明，你看你儿子，鼻子多大啊，以后肯定不是很聪明。”潘小英有点儿不高兴了，她阴着脸说："不管他是聪明也好，笨也罢，都是我和我丈夫最爱的宝贝。"

要点解析：在人家做客时，表现出对主人的宠物或者孩子厌恶的情绪是失礼的。宠物虽然只是动物，但是在爱它的主人看来，宠物也是家庭里的一分子，孩子更不用说了。表现出对主人的宠物或者孩子的讨厌，可能是不尊重主人的表现。试想一下，你满心欢喜地向好友展示自己心爱的宠物或者孩子，对方却不屑一顾，对你的宠物或者孩子进行各种挑剔与批评，你的心里肯定很失望难过。谁都希望自己喜爱的东西能得到亲近之人的认同，对方嘲讽你的宝贝，对你来说造成的伤害其实不亚于嘲讽你本人。

专家支着：对待主人家的宠物和孩子，正确的方式应该是

1. 对主人家的宠物和孩子要表示喜爱。

2. 在主人家做客时，即使不喜欢宠物或者小孩，也应该尽量掩饰自己的情绪，不把这种厌恶情绪表露出来。

借宿时要尊重主人的作息时间和习惯

经典案例：米雪到好友周梅梅家做客，因为玩得太晚于是就在周梅梅家留宿。因为工作的原因，米雪平时起床都很早，已经养成了固定的生物钟习惯，在周梅梅家借宿也早早地就起床了。周梅梅晚上喜欢熬夜，所以早上起床都比较晚。米雪洗漱之后到客厅看电视，把声音开得很大。周梅梅还在睡觉就被电视的声音吵醒了，在床上翻来覆去，捂住耳朵也不能隔绝来自客厅的噪声。她迷迷糊糊地起床到客厅，看到米雪坐在沙发上看电视，很郁闷地说："你这么早就起床啦，我昨晚3点才睡。你把电视声音调小点儿，我再回去睡一会儿。"米雪这才反应过来自己吵到了周梅梅，她很不好意思，连忙将电视声音调得非常小。

要点解析：在他人家里借宿时，一定要尊重主人的作息时间和习惯。如果主人习惯睡懒觉，你却大清早就起来看电视、做运动，制造杂音影

响主人休息；主人习惯早睡，你却熬夜到三更半夜；主人习惯睡前关灯，你却因为怕黑一定要开着灯睡觉，这样虽然能让你感觉舒适，却会给主人造成困扰，甚至让主人感到厌烦。这样的行为在主人看来是自私自利、喧宾夺主，并且会打扰主人平常习惯的作息。招待客人本来就很累，让客人留宿更是非常麻烦，你还不考虑主人的意愿和感受，自顾自地我行我素，会让主人感觉身心俱疲。这样的客人主人肯定不愿意再招待你、留宿你第二次。

专家支着：在主人家借宿时应该注意

1. 应该跟随主人的习惯和作息。

2. 不应批评主人的生活习惯。

3. 在主人休息时，可以安静地做自己的事情，不可打扰对方。

主人因疏忽犯错，不必反复向客人道歉

经典案例：雅兰的妈妈和姑妈约好了周末去姑妈家做客。星期天一早，妈妈就带着雅兰到了姑妈家。姑妈一家人热情地招待她们，端茶送水，关怀备至。在倒果汁给雅兰喝的时候，姑妈不小心把果汁洒到雅兰的裙子上一点，顿时大惊失色，连忙用纸巾去擦。一边擦一边说道："哎呀，三妹对不起对不起，我不小心把果汁倒在雅兰的裙子上了。"雅兰的妈妈并没放在心上，帮着将果汁擦掉后说："没事，不就洒了一点果汁吗，擦掉就完了。""真的对不起，都怪我太不小心了。""真的没关系啊，我还得谢谢你给我家雅兰的果汁呢。""唉，实在是抱歉，作为主人我实在太大意了，都没能好好招待你们母女俩。"姑妈说完后，雅兰的妈妈没接话，在她看来这实在不是什么大事，姐姐一直道歉反倒把她搞得很尴尬。

要点解析：主人在待客的时候，难免会出一些小差错，如不小心把饮料洒到了客人身上，端茶倒水时不小心撞到客人，做菜的时候误把味精当成盐等。出现这些小纰漏，主人可以适当地向客人道歉，但是不必

反复道歉。

一般来说，客人也知道主人是因为疏忽而出错，并不会太过于放在心上，但是主人一遍一遍地反复道歉，会让客人很尴尬。这种不停地强调失误造成的尴尬会让客人感到心烦，甚至会开始怀疑主人反复道歉是否别有用心。主人如果因为疏忽犯错，可以适当开个小玩笑或者道个歉来化解，但是反复道歉就不合适了。

专家支着：主人因为疏忽犯错，在向客人道歉时要注意

1. 只需要真诚地向客人道歉一次即可。

2. 与其不停地道歉，不如采取及时的措施进行补救。

3. 要想办法尽量减少客人的不适。

客人离去时，要送客至门外

经典案例：张玉兰是一名退休的高中数学老师，她的数学功底扎实，课堂教学严谨，课后也很关心学生，退休前深受学生的喜爱，是学校的王牌老师。一天，张玉兰带的最后一个毕业班的学生黄杨佳给她打来电话，约好了第二天来拜访。第二天她早早地就起来将家里打扫了一遍，事先准备好了招待学生用的东西。黄杨佳与几个同学来了之后，她拿出提前准备好的茶水点心招待学生，并询问几个学生的情况，大家都积极地讲述着自己毕业之后的经历，听得张玉兰非常开心。过了两三个小时，学生们看时间不早了，便决定离开。张玉兰将学生送到门外，学生都说老师您把我们送到门口就可以了，张玉兰坚持来者是客，最后将几个学生送到小区门口才回去。

要点解析：将客人送到门外，才能说明你对客人的招待圆满结束。客人提出离开，主人嘴上说着挽留的话，行动上却是立即起身目送客人出门，这样的客套可能不够有诚意。客人意识到这一点，心里肯定会感觉不舒服，以后会不愿意再来主人家做客。如果主人整个接待客人的过程都非常热情有礼，到最后送客时却不把客人送出门外，会让主人之前

所做的努力功亏一篑。

专家支着：送客时要注意以下几点

1. 要将客人送到门外、电梯口或是楼下，并和客人亲切道别。

2. 如果客人是第一次来拜访，应该将客人送远一点。

3. 如果是贵客，主人应该亲自将客人送上车，并事先准备好礼品。

不可深夜让客人独自返回

经典案例：雷天铭是装饰公司的室内设计师。公司的客户方舟急着修改房子的装修方案，雷天铭就约了方舟在家里讨论具体如何对方案进行修改。方舟对之前设计的装修方案很不满意，他想把房子装修成欧式风格的，设计师给他的设计方案却偏美式。雷天铭根据方舟的意见进行设计方案的修改，因为卧室、客厅、厨房都要大改，所以一直到深夜，两人才敲定最终的方案。雷天铭看了下表已经晚上 11 点了，考虑到方舟没有开车过来，一个人回家也不安全，便提出开车送方舟回家。方舟觉得这样太麻烦雷天铭，而且为了自己房子装修的事情，雷天鸣已经帮自己弄了一天设计稿，他提出自己打车回家就好。雷天铭说现在已经这么晚了，坚决不同意让好友独自回家，亲自开车将他送回家之后再自己回家。

要点解析：深夜让客人独自返回是不符合礼仪的行为。如果客人住的地方离主人家比较远，深夜让客人独自返回会影响客人的睡眠时间，让客人饱受颠簸之苦；如果客人是年纪比较大的人或是年轻女性，让对方深夜独自返回就是没有考虑对方的安全问题；如果适逢当天晚上的天气不好，深夜让对方独自返回会让客人受到恶劣天气的影响。深夜让客人独自返回，不管是从安全、健康还是交通方面来看，都是不合适的。主人接待客人却在让客人在返回时发生不愉快的事，那就得不偿失了，会给客人以冷酷无情、自私自利的印象。

专家支着：主人待客到深夜，不可让客人独自返回

1. 应该将住得比较远的客人，尤其是年老的长辈、女性、身体较弱

的客人亲自送回对方住的地方。

2. 如果客人住得不远，主人应该陪客人同行较长的路程。

3. 如果不便亲自将客人送回，客人家住地也比较远的话，应该为客人安排住宿，为客人在酒店订好房间，或是将客人留宿在家里。

临走时要和主人家一一道别

经典案例：徐茹君和同桌杨霖约好了星期六去杨霖家一起写作业。当天早上徐茹君准时到了杨霖家。开门的是杨霖的妈妈，她热情地把徐茹君迎进家，并说早就听杨霖提起过好多次她的好朋友徐茹君，可就是一直没机会见到徐茹君本人。徐茹君感觉很不好意思，因为她的性格比较内向，她小声地跟杨霖妈妈问好，然后赶紧跟着杨霖钻进了她的卧室，开始和杨霖一起写作业。中午杨霖妈妈做了一大桌子好吃的，不停地给徐茹君夹菜，让她跟在自己家一样别客气，徐茹君还是很拘谨，一直小声地说“谢谢阿姨”。晚上杨霖的奶奶来了，坐在客厅里看电视。两人写完作业，徐茹君准备离开，她跟杨霖妈妈说：“阿姨我和杨霖写完作业了，我回家了，谢谢您今天的招待。”然后看了看坐在沙发上的杨霖奶奶，徐茹君明白按礼来说她应该和杨霖的奶奶也打声招呼道个别，但她实在是很内向，不好意思开口，最后她还是选择假装没看到杨霖的奶奶，没跟杨霖的奶奶道别，直接离开了。

要点解析：临走的时候只和主人道别，可谓完全不懂礼仪之人。临走的时候只和主人道别，说明你的心中只有主人一个人，没有主人的家人。只和主人打招呼，不仅不会让主人感到高兴，还会让主人的家人对你产生不满，让一家人对你的印象变得糟糕起来。虽然你拜访的对象是主人，但是也不能因此就忽略主人的家人，这样做是不懂礼仪规矩的表现。

专家支着：在主人家做客时应该注意

1. 在主人家做客，临走时应该和主人及其家人一一告别。

2. 参加宴会、舞会等社交聚会时，可以只向主人和认识的人道别。

3. 参加宴会、舞会临走时，如果遇到认识的人不要装作没看见，应该热情友好地向对方打招呼示意。

不可强行进入主人厨房代劳烹饪

经典案例：一个偶然的机会，陈兰得知读书的时候关系特别铁，但是毕业之后去别的城市发展的老同学方雅来她所在的城市工作。她决定联系这个老朋友。周末，陈兰和儿子超超到方雅家做客。两个十几年没见的老同学一见面都特别激动，从读书时候的趣事聊到上班以后发生的事情，聊得没完没了。不知不觉间就到了吃午饭的时间，方雅拿出提前准备好的食材准备开始做饭，陈兰提出自己来做饭，露一手给方雅看看。方雅说："那可不行，今天你是客人，我是主人，主人怎么能让客人亲自做饭呢。"陈兰说："我俩的关系还分什么主人和客人，你快去客厅坐着陪我儿子看电视，我可得露一手给你看看。你读书那会儿做饭就好吃，那时候我一道菜也不会做，今天可得给你展示展示我的厨艺。"一边说着一边把方雅推出厨房。方雅无奈，只好叹了口气回到客厅陪超超看电视。

要点解析：不顾主人的意愿，强行代主人做饭，是很不知趣的表现。首先，到主人家做客，强行代主人做饭是喧宾夺主、反客为主的表现，感觉像是在抢夺主人的位置。其次，你毕竟很少到主人家做客，对主人厨房的构造格局也不了解，反而可能好心办坏事。最后，强行代主人做饭容易引起不必要的误解，让主人误以为你对他的手艺不放心，并且会显得你热衷于表现自己。强行代替主人做饭，你在厨房做饭让主人在客厅休息，会让主人感觉尴尬，感觉自己没有尽到地主之谊。

专家支着：到主人家做客时，应该注意自己的客人身份

1. 可以向主人建议做什么菜，但是做饭的时候应该尊重主人的意愿。

2. 主人做饭可以在旁边给主人打打下手，帮帮忙，但是不要对主人的行为指手画脚。

3. 做饭是主人向客人表示欢迎和尊重的方式，客人应该尊重主人的

劳动，不要为了显示自己的客气强行代替主人做饭。

对主人的房间布置要表示赞美

经典案例：周末在家闲着没事做，史玉就决定去姑妈家拜访，找表姐茜茜玩。姑妈家3个月前刚刚重新装修过，史玉一进家门就惊叹："姑妈，我几个月没来，你家大变样啦！"姑妈笑着说："是啊，以前的装修太老旧了，3个月前整个重新给装修了一下。""姑妈你家的新装修不怎么样啊。这墙纸的图案是牡丹花吗？牡丹好俗气。这电视墙，花花绿绿的多难看啊。还有这木地板，颜色太浅了。我觉得深色的地板会比较好看。""这次装修都是我亲自设计选材的，我的品位一向没你妈妈好，我家当然入不了你的法眼了。"姑妈的表情变得有点冷漠。史玉还浑然不觉，接着姑妈的话说："是啊，我也觉得我家装修得比较好看。"

要点解析：每个人的审美都有所不同，有的人喜欢素淡的墙面，就对主人家颜色鲜艳的墙纸指指点点；有的人喜欢欧式的装修风格，就对主人家的中式装修嗤之以鼻；有的人喜欢相对松散的布局，就对主人家家具相对紧凑的摆放不屑一顾；有的人不喜欢在室内摆放花花草草，就极力劝说主人将家里摆放的绿萝、仙人掌扔掉。

按照自己的审美来审视主人的房间布置，是把自己的意愿强加于他人身上的行为，会显得你过于自我。并且批评主人的房间布置得不好，就是在批评主人的审美能力，无视主人为了布置好房间花费的大量心血，这样做是不礼貌的。

专家支着：参观主人家时应该注意

1. 不要将主人家的房间布置同自己家的房间布置相比较，更不要通过比较来批评主人家的房间布置不好。

2. 不要根据自己的喜好来评判主人家的房间布置，也不要吹毛求疵地指出主人家房间布置的缺点。

3. 对主人家房间布置的独特之处应该多加赞美。

借住在别人家时要讲究个人卫生

经典案例：因为有急事需要去北京，可能要待两三天的时间，薛佳妮希望能在北京的好朋友林安家借宿两天。在征得林安的同意后，晚上薛佳妮带着行礼来到了林安家。林安早就在家等着薛佳妮，并且准备好了晚餐。吃过晚饭之后，薛佳妮回到客房玩电脑，林安给她端来一大盘西瓜和一杯果汁。她一边上网一边吃着西瓜，喝着果汁，把西瓜籽吐得到处都是，把吃完的西瓜皮也随手扔在桌子上。吃完西瓜，薛佳妮去浴室洗澡。林安拿着新床单被套进来换的时候，看见满桌子的西瓜皮和吐得到处都是的西瓜籽，她皱了皱眉，无奈地拿拖把、抹布又将房间重新打扫了一遍。

要点解析：在别人家借宿时不同于住在自己家，要注意讲究卫生。

在主人家借宿的时候到处乱扔自己的东西；上完厕所不冲干净马桶；用完的卫生纸到处乱放，不扔进垃圾桶；吃东西的时候把垃圾扔得到处都是；吃饭的时候掉菜掉饭粒……这些都是不讲卫生的行为，任何主人都不会喜欢这样随心所欲的客人。

在别人家借宿的时候不讲卫生，既是对自己的不尊重，也是对主人的不尊重。主人让你在家里借宿本来就是增加自己的负担，你还不讲卫生，把主人家弄得乱七八糟，更是加重了主人的负担。不讲卫生的客人，会让主人感觉反感、厌恶，从客人的行为怀疑到客人的人品，并且下次肯定不会再让该客人在他家借宿了。

专家支着：在别人家借宿时应该讲究卫生

1. 要注重个人卫生，勤洗手，勤洗澡。

2. 主动打扫自己制造的垃圾，把垃圾收拾好，放在专门的垃圾袋里。

3. 不要弄脏主人家的陈设，如卫生间、桌椅板凳、床单被褥，等等。

做客时不可频繁看时间

经典案例：杜琴的邻居秦思思烤了很多曲奇饼干，邀请杜琴到自己家里喝下午茶。两人坐在阳台上一边聊天，一边喝茶吃点心。“你做的曲奇饼干味道真棒！”杜琴对秦思思烤的饼干赞不绝口，“红茶也很好喝。这样的天气坐在这喝下午茶真是一种享受。”“我经常自己弄一些蛋糕或者饼干之类的小点心，以后你有时间可以经常来吃。”秦思思笑道。“那我以后可得常来打扰你了，我的厨艺烂得一塌糊涂，做什么都不好吃。”杜琴一边和秦思思聊天，一边过一会儿就抬起手腕看一下表，短短的半个小时就看了七八次表。秦思思很疑惑地问她：“你待会儿有什么事要忙吗？”“没有啊，我今天都没什么事。”“那就好，我看你一直在看表，还以为你待会儿有什么事情要忙呢。”“呵呵，我习惯了没事就看看时间。”

要点解析：在做客的时候不停地看表绝非礼貌之举。在做客的时候频繁看表会让主人误解。第一，主人会猜测你是不是在暗示他你待会儿还有重要的事情要做，想要离开但又不好直接开口。第二，主人会认为你是不是在暗示主人的招待没有让你满意，跟主人在一起让你感觉很无聊。客人频繁抬手看表会让主人认为自己的招待没有让客人感到满意，或是客人并不喜欢到自己家做客。这样的客人会给主人留下心浮气躁、过度自我的糟糕印象。

专家支着：在主人家做客期间要注意自己的一举一动

1. 避免频繁做出看表、抖腿等表示不耐烦的动作。

2. 应该表现出良好的姿态，认真听主人讲话。

3. 应该表现得淡定从容，切忌表现浮躁。

对待远方来客应当提前迎接

经典案例：徐老师因工作要去南京学习一周，他的一个得意门生恰好在南京工作。徐老师就提前联系他，并约定了拜访的时间。可等徐老师到了南京，提着礼物要去学生家时，人生地不熟的他只收到学生发来的一条短信，短信上是到他家的路线。徐老师按着路线走了很久，却发现走错了。打过电话去，学生又给他说了另一条线路，但始终没说要亲自来接。一气之下，徐老师再不联系这个学生了。

要点解析：《论语》有云："有朋自远方来，不亦乐乎。"迎来送往，不仅是礼节上的一种表现，还可以反映出一个人的素养，尤其是迎接。当有客人远道而来时，作为主人，应该提前去迎接。

作为客人，谁都希望自己是被欢迎的。尤其是置身于陌生的城市，自己更希望得到亲友的帮助和热情接待。而作为主人，也应该为对方考虑，使对方有宾至如归的感觉。很多时候，我们因为自己的忙碌而怠慢了客人，或是从自己的角度考虑，认为自己熟悉的道路，对方也不难找到。却不知，自己的客人把很多时间都浪费在找路上。远客，尤其是重要客人，如果不被迎接，会觉得自己得不到重视和尊重，心中不仅会有种失落感，还会觉得主人不够热情、真诚。而需要花费很长时间去找路的客人，则更容易因恼怒而放弃做客的打算。

专家支着：接待客人或做客前，应谨记这几点

1. 做客前，应查询相关路线，尤其是对于自己不熟悉的地方更应如此。
2. 远客或重要客人来访前，一定要提前迎接。
3. 如果不方便迎接，一定要提前跟对方讲明，并道歉。

招待客人时饭菜应有剩余

经典案例：平时，苏琳做饭总是做得正好够一家三口人吃的。前不久，家里来了客人。农村老家的三表叔来城里买东西，打算来苏琳家暂住一宿。苏琳很热情地同意了。可吃饭时，老汉总是表现得不自在，住一宿的打算也取消了。原来苏琳做饭招待三叔时，是按照自己的饭量添了一个人的。三叔的饭量大，又不好意思敞开吃，只好饿着肚子少吃点了。

要点解析：招待客人、留客人吃饭时，不宜做到饭菜没有剩余。

节俭是中华民族的美德之一，节约粮食人人有责。这是经济的做法，平时居家生活，每顿饭都没有剩余是最理想的状态，但在招待客人时则不然。饭菜在平时可以不讲究，但在招待客人时，饭菜却有了更丰富的

含义。人们习惯用丰盛的美食来招待客人，借以表现自己的热情和对客人的重视。而客人也希望得到主人的尊重，体会到主人的真诚。过于吝啬，或是只从自己的饭量考虑，摆到饭桌上的食物过少，都会影响到客人就餐的情绪。尤其是遇到饭菜不够的情况，更会引起主客双方的尴尬。做客、待客本是件愉快的事情，可以增进双方的感情和了解。如果招待不周，不仅会让客人觉得不自在，还会给客人留下不好的印象，让自己显得没有素养，双方关系也会越来越疏远。因而在做饭时，一定要有剩余。有剩余不一定就是浪费，可以把剩下的食物放进冰箱，留给自己吃。但待客之道一定要把握好，区别于日常生活。

专家支着：招待客人时，要注意以下几点

1. 准备饭菜不宜过少，量要适度。

2. 准备饭菜不宜过简，荤素合理搭配。

3. 需要问清客人有何禁忌。

在客人面前要热情主动

经典案例：文宣是个做事情缺乏主动的人。前不久，和文宣关系不错的朋友来拜访他，文宣很高兴，想好好招待一下自己的朋友，留他吃饭。朋友一坐下两人就聊了起来。聊多了，朋友早就渴了，看到依然滔滔不绝的文宣，不好意思直接要水喝，只好少说话。到了吃饭时间，文宣极力劝朋友留下一起吃饭。可朋友看了一眼冰冷的厨房，反倒觉得主人是在下逐客令。只得说：“不了，都到这个点儿了，我先走了啊！”文宣却没觉得自己哪里做得不到位。

要点解析：热情主动是每个主人应该做到的待客之道。无论你是性格内向还是工作忙碌，当家中有客人时，都不可冷落对方。

如果是和你关系密切、对你的为人十分了解的人去你家里做客，你照顾不周，对方可能会主动提出需求。但如果只是普通朋友，或是自己的客户拜访时，就不是很好处理了。作为客人，自己有需求时，不好直

接开口。假如你不主动提供服务，如提供茶水等，对方就没有提出需求的可能性。尤其是初次拜访，客人就更易显得拘谨。另外，主人待客时，也应保持饱满的精神状态。试想一下，客人进门，看到的不是热情的欢迎而是没有迎客意向的主人，那么客人自己也会觉得无趣，不想多谈。而茶水准备得不周，又会让客人觉得主人没打算让自己长待，自己也就识趣地早点离开。客人来做客，作为主人就要积极主动，服务周到。没有人愿意干着喉咙、饿着肚子跟你交流，因而要多为自己的客人考虑。

专家支着：待客时应热情主动，需要注意以下几个细节

1. 客人到来后应主动慰问，微笑表示欢迎。

2. 主动端茶递水，做完饭后询问客人是否留下来一起吃。

3. 客人在时，不要露出不耐烦的表情。

接待不速之客时也要以礼相待

经典案例：孙州在某公司做经理助理。一天上午，经理临时有事出去，孙州认真地整理文件。突然，有位先生要见经理。孙州询问后，得知对方是某品牌电脑推销员，而且也没有和经理约好。孙州没有直接请这位不速之客离开，而是告诉他经理不在，礼貌地把他请到待客室等待，并奉上茶水。经理回来，表示正有所需。二人洽谈中，推销员愿意低价向公司提供电脑，因为自己从来没有受到过如此有礼貌的接待。

要点解析：生活中，我们经常会遇到不速之客，如推销员、投诉的顾客或是其他陌生人等。我们选择的接待方式往往是直接将其拒之门外，或态度恶劣表示不欢迎对方。然而，这样的举止是十分不可取的。

无论是提前约好，还是突然而至，作为主人都不可无礼。也许对方是临时有急事，所以才没有提前通知；抑或对方想要争取某个机会，又害怕主人拒绝，只得出此下策；又或是对方无意冒犯，只是想歇歇脚。对你而言，拒绝他们的登门，可能并不意味着失去什么，但也绝对得不

到其他的。对任何人都以礼相待的人，也会得到他人的礼遇。真正懂礼仪的人，不会因对方的身份、职务而区别相待。对方不请自来如果能够得到你的有礼接待，对方一定会从内心感激你，为你慷慨大度的人格魅力所折服，甚至还会因此给你带来意想不到的收获。所以，要认真对待你的不速之客，不要直接拒绝。

专家支着：对待不速之客应采取以下措施

1. 不可将其直接拒之门外，不可表现出不耐烦的表情。

2. 招待不速之客时，可以只将客人请到客厅。

3. 对待不速之客要热情，有礼貌。

4. 如果是在公司，要及时请示领导。

多位客人在时说话要有分寸

经典案例：有个人邀请了三个朋友来家做客。甲和乙都纷纷到了，只有丙还未到。主人有些焦急，在门后张望着自语道："该来的怎么还不来。"甲听见后，觉得主人言下之意是不该来的倒来了，于是气呼呼地走了。主人一看，甲生气地走了，懊悔地说道："不该走的怎么走了。"乙一听，心想，"不该走的走了，那自己就是那个该走的了"，于是也气呼呼地走了。

要点解析：待客时，说话要有分寸，尤其是有两位或多位客人在时，更要注意，不可厚此薄彼。

每一位客人都希望得到尊重，和主人拉近关系。如果因为接待客人多，以致言语上冲撞某位客人，那么不仅这位客人会很生气，其他客人也不会对你有好感。在接待多位客人时，最忌讳的是互相比较。没有人愿意在其他人面前显得不如人，也没有人愿意被他人贬低自己。正确处理好客人之间、客人与主人的关系，不是一件简单的事情。想要得到一个和睦的聊天氛围，需要找到大家共同的话题，不可冷落一位客人。如果客人之间互不认识，还需要你主动相互介绍，介绍时要注意措辞，不能因为某人职位、地位或工资高，就可以夸耀，这样会让其他客人觉得你攀附权贵，不重视他们这些人。如果彼此了解，就应该借机进一步拉近距离，促进感情的交流。

专家支着：对待客人要注意言行，不要因为语言得罪你的客人

1. 要热情大方，重视每一位客人。

2. 不要厚此薄彼，评论客人的优点和缺点。

3. 谈话时，要注意客人的爱好，找到共同话题，切忌使客人遭到冷落。

做客时间不宜过长

经典案例：晚饭后，小周的朋友来做客，还带着两瓶白酒。小周的妻子为他们做了几个小菜，小周也热情招呼。朋友前不久刚从外地回来，很是兴奋，酒一下肚，话也多了。原打算九点就告辞，谁知两人一聊就到了十一点。小周的妻子第二天还要早起上班，但客人在，不好意思早睡，只好干陪着。小周也有些不耐烦，但毕竟是自己的好哥们儿。送走朋友后，已是凌晨1点。小周的妻子终于忍不住和小周吵了起来。

要点解析：做客时间要适宜，不宜过长。

你是否也遇到过这样的客人：天色已晚突然来造访，坐到很晚才离去；或是下午来造访，吃过晚饭才离开。这样的客人，不仅影响自己的生活起居，还可能耽误自己重要的事情。直接赶走，下逐客令，既是不礼貌的行为，也会影响双方的关系。因此，我们在做客时，一定要考虑到对方的感受，询问对方是否忙碌。只有在确认对方空闲时，才可以安心做客。要做一个受欢迎的客人，就要学会识趣。如果对方临时有事，自己要主动提出改天再拜访。这样，不仅主人觉得你能够体谅他，会欢迎你下次做客，而且你自己也不会觉得太别扭。此外，还要注意选择做客时间，不能因为自己的拜访打扰对方的休息或其他安排。只有尊重对方，才能得到对方的欢迎和尊重。

专家支着：做客要注意时间，不要让主人生厌

1. 上午9点之前、晚上8点之后不适宜做客，深夜更不可随意拜访他人。

2. 做客时间不宜过长，一般在 3 小时之内。

3. 星期天和节假日不宜拜访朋友。

4. 到主人家时，要询问对方是否有其他事情。

不可在客人背后随意议论

经典案例：几天前，肖晓新结识了一位朋友，并得到对方邀请，去朋友家做客。为此，肖晓准备了一份礼物。按下门铃，朋友和她老公一起迎接肖晓进门，并热情招待。坐了一个多小时，肖晓准备告辞，朋友也没有强留。可就在肖晓刚走出门时，就听见朋友向老公说道："这个就是那天被偷钱包的，当时哭得可惨了……"肖晓一皱眉头，赶紧加快脚步走了。

要点解析：背后议论人是不对的，尤其是在客人背后议论，更容易产生误会。

在客人背后随意议论，是不尊重对方的行为。客人在场或是刚走出门，主人就随意议论其他事情，或是评论客人，会让客人感到反感。如果客人是长辈或是你的领导，背后随意议论，对方会觉得你对他有所隐瞒，或是并不想接待自己。如果是你的朋友来做客，背后议论事情，会遭到对方怀疑，认为你对他心有不满，或是认为你有其他事情要办，自己不便打扰。在客人背后随意议论事情，会让客人有遭受冷遇的感觉，觉得你并没有准备好接待自己。或许还会引起客人的不满和怨愤。客人刚走出门，就对客人评头论足也是不可取的。客人会觉得你是刻意为之。如果评论内容对客人有否定成分，客人会觉得你是个习惯背后损人的小人，这样更容易导致主客之间关系的破裂。客人在做客时，希望主人把注意力和精力放在客人身上，而不是自顾自地随便和他人议论什么，这样才能体现主人待客的真诚和热情。

专家支着：有客人在时，议论事情要注意以下几点

1. 客人在时要把注意力放在客人身上，不要随意议论其他人和事情。

2. 客人刚出门时，不要立刻对其评头论足。

3. 重要事情可以在送客人走远之后再议论。

送走客人后关门声音要放轻

经典案例：不久前，严华借用朋友的单反相机时，不小心弄坏了外壳。主动换新后，严华登门向朋友道歉。朋友并没有责备严华，对严华说没关系，让他不必挂怀。原本心存愧疚的严华，看到朋友谅解的神情，自己也就放心了。还回相机后，严华跟朋友道别。可刚走没几步，就听见背后传来重重的关门声。严华心中一颤：原来朋友并没原谅自己，还是很生气。

要点解析：好的开始需要有好的结束，客人走后要轻声关门。

自己刚走，主人就把家门重重关上，你会有什么感受？或许会觉得对方并不欢迎自己，希望自己赶紧走，也许会猜测对方是有意要做给自己看。无论哪种，都是常人的心态。客人走后，马上用力关门，是一种没礼貌的行为。如果对方是来道歉的，即便你嘴上和心里都已经原谅了对方，对方也会觉得你还在生气，不接受自己的道歉，认为你心胸狭窄。如果是你的好友拜访你，哪怕你再热情，好友也会怀疑自己哪里得罪了你，认为自己不被欢迎。而客人如果是客户或是长辈，用力关门会让对方觉得你很没有礼貌，不懂得礼貌待人，自傲狂妄，甚至有些无情。那么，你的友情、形象和在他人心中的地位都会遭到破坏。轻声关门是一个待客的小细节，也是他人评价你的重要环节。注意好这个细节，你才能被称为一个待客有道的好主人。

专家支着：客人走后不要以为万事大吉，还有一些细节需要注意

1. 客人走后，不可用力关门，应该轻声关门。

2. 要提醒客人是否有物品落下，以免客人花费时间再来取。

做客时敲门轻重节奏应有分寸

经典案例：“砰砰砰……”纪兰正在为即将到来的客人准备茶具，就

听到了一阵紧急的敲门声。纪兰以为是物业人员，想擦完最后一个茶杯后，就去开门，便说了句："请等一下。"但敲门声越来越重。纪兰有些生气了："能不能等一下，催什么催！懂不懂礼貌啊！"纪兰边说边打开了门。可站在门口的并不是物业人员，恰恰是自己正在等待的客人，而且还带着一脸尴尬的神情……

要点解析：做客时，敲门轻重应有分寸，节奏要掌握好，不可过重或过轻，也不可时急时缓。

试想一下，你累了一上午，正在忙碌地准备接待客人，忽然听到有人重重地砸门，你的第一反应是什么？厌烦？恼怒？还是……总之很难心情愉悦。如果你是客人，就应该考虑到主人的心情，轻重缓急有度地敲门。这样不但可以体现出你的优雅气质，还会让主人有心理准备，愉悦地接待你。敲门过轻，主人不易听到，所以也很难及时给你开门；开门晚了，不仅你心存怨言，认为主人没有招待好，主人自己也会不好意思；敲门过重，则容易引起主人的反感，认为你不怀好意，别有用心，或是故意让自己难堪。如果打扰了邻居，更会造成尴尬的场面。敲门时也要急缓有度，过急会增添主人心理负担，觉得你被怠慢了；敲门过缓，不易引起主人注意，甚至会被主人误解。

做客时，敲门也是一门学问，要把握好分寸，才能有个好的开始。

专家支着：做客敲门时，应把握好分寸，谨记以下几点

1. 敲门时声音不要过高或过低，以对方听见又不惊扰对方的敲门声较为适宜。

2. 敲门不宜过于频繁，要快慢有度。

3. 敲门时敲三两下停一停，不可只敲一次或连敲数次。

拜访异性朋友要注意时间、场合

经典案例：罗杰初来北京出差时，对线路和乘坐地铁都很陌生。当地的一位齐女士热心地帮助他找到公司的地点。罗杰对此很感激，并请

对方吃饭，两人也时常联系。临别前，齐女士邀请罗杰去家里做客，罗杰欣然答应。可没想到公司当晚有事，直到9点自己才从公司出来。到达齐女士家中时，已是10点多。齐女士和老公把自己迎进门，可罗杰感到氛围总是怪怪的，坐了不到10分钟，自己赶紧识趣地走了。

要点解析：拜访朋友讲究多，拜访异性朋友时，需要注意得更多。

异性之间交朋友，如果举止不当很容易引起误会。因此，在交往过程中，应该注意避嫌，杜绝暧昧不明的猜测。一般邀请异性时，尽量不要选择在家中。如果双方对此并无顾忌，最好不要单独去拜访异性，尤其是深夜。深夜访客本身就是一种不礼貌的行为，不为主人的日常生活考虑，可能由此产生很大的误会。若异性朋友还有其他家人，也很容易让家人误解，甚至引起情感冲突。另外，穿着上也要讲究，不可太随意，一定要体面整洁，给对方及其家人留下一个好印象。

拜访异性时，要多方顾忌，心胸坦荡。尽量躲避他人的口舌，不要给自己和朋友增添困扰。这样，你才值得对方的信任，这样的友情，也才能持续下去。

专家支着：拜访异性朋友时，不可随意，要注意以下几点

1. 拜访异性朋友要注意时间，不可在深夜拜访，拜访时间也不宜过长。

2. 最好与他人结伴拜访，不宜显得唐突。

3. 拜访时着装要整洁，不宜太随意。

做客时要谨慎选择是否带小孩同去

经典案例：星期天，周慧答应去朋友家做客。可老公加班，公婆回老家探亲，只好自己带着两岁大的儿子一起去。一到朋友家，儿子就大哭起来。朋友急忙找来各种玩具，可儿子并没有停止。周慧哄了半天，朋友又拿出零食，儿子才停止哭泣。可刚跟朋友说了几句话，儿子又尿了，衣服被尿湿了，朋友家的地板也被弄脏了。朋友忙去拿纸，又去拿拖把把地拖干净。周慧很是抱歉，只好抱着儿子跟朋友告辞了。

要点解析：到朋友家做客时，如果不是对方强烈要求，带上小孩一同前去并不合适。

孩子的到来固然可以增添主客之间的互动和话题，也会给主人家中带来些许情趣。但更多时候，是主人要花很大的精力去帮客人照顾孩子，包括为孩子准备好食物和玩具等，客人走后还要将孩子随意丢弃的杂物收拾一番。父亲或母亲在做客时懂得礼节，但孩子还不能全部明白，而主人又无法责怪孩子，因而只能忍耐。做客时带上孩子，容易导致把时间和精力主要花费在孩子身上，而不是主客双方的谈话上。如果遇到不喜欢孩子的朋友，主客之间还易产生矛盾。如果朋友家里有同龄孩子，孩子之间发生争吵同样会影响到主客之间的关系。因此，在外出访友时，如果不是十分熟悉的朋友，一定不要贸然带着孩子去。

专家支着：到朋友家做客，别让孩子破坏了乐趣

1. 到朋友家做客时，尽量不要带着孩子。

2. 不得不带孩子时，要提前跟朋友打招呼，让朋友做好准备。

3. 做客时要看好孩子，不要让孩子太过随意。

做客时大方自然的态度最恰当

经典案例：徐薇是个内向爱羞涩的女孩，因而朋友很少。前不久，徐薇的大学同学搬了新家，离徐薇住的地方很近，就请徐薇去做客。到了同学家，徐薇坐在沙发一角，很少说话。同学热情地递上茶水，徐薇说不喝；同学请徐薇吃水果，徐薇也说不吃；同学要给她剥香蕉时，徐薇赶忙把香蕉夺过来放在水果盘里，推说不爱吃，于是热情的同学露出难堪的神情。徐薇走后，这个同学很少再联系她了。

要点解析：做客时应大方自然，不可太过随意，也不可过于拘谨。

过于拘谨的客人不仅自己感觉不舒服，主人也会觉得对方很难伺候。做客原本是件轻松愉悦的事情，客人过分拘谨，容易破坏良好气氛，做客的目的也很难达到。要知道，再热情的主人也难应付拘谨的客人。对于主人提供的服务，总是拒绝接受。自己有需求时，又不敢提出来，不但委屈了自己，还让主人的热情无处可去，双方都会感到不自在。当然，也不可太过随意，毕竟不是在自己家。对主人不要提出过分的要求，如主人准备了苹果、香蕉等，你偏要吃芒果，这都有悖为客之道。提出需求时，一定要合理，要限定在主人容易和乐于接受的范围内。过于拘谨会显得和主人生分、疏远，主人会认为你难以接近，或是觉得你做事畏首畏尾。而过于随意则容易让主人厌烦，觉得你不识趣。只有大方自然，才能处理好和主人的关系，给对方留下一个良好印象。

专家支着：做客时，要大方自然，张弛有度

1. 做客时不要胆怯、缩手缩脚，要大方地接受主人的款待。

2. 做客时不要太过随意，提出不合理的要求。

3. 做客时，自己的言行举止都要注意，掌握好分寸，做到不卑不亢。

做客时使用卫生间前最好先经主人允许

经典案例：安安在一次宴会上认识了一位朋友，并被邀请去对方家中做客。到了约定时间，安安登门拜访。朋友很热情，对安安也很有好感，留她在家里吃饭。朋友在厨房做饭时，安安内急，赶忙去上厕所。可上完厕所后，才发现厕所已经堵了。上厕所前没有问过朋友，安安真不知道该如何向朋友交代。

要点解析：厕所是主人的私密场所，做客时最好不要借用主人的厕所。急需上厕所时，一定要跟主人打招呼，经对方同意方可使用。

假如主人有洁癖，不经允许就用厕所，会让主人产生不快，对你有嫌弃之心。如果主人的厕所出现状况，如马桶堵住了还没来得及修，或是垃圾篓满了还没倒掉，抑或纸用完了还没准备等，都可能在你擅自用厕所时遇到。面对这样的情况，你很难向朋友张口解释或是寻求帮助。而且厕所内，还可能有主人的私人物品，如浴巾、内衣等。如果你擅自进入厕所，主人可能会难堪，会觉得你的行为实在不礼貌。而你在遇到

这些情况时，也会觉得尴尬。如果与朋友关系不十分亲密，更会让双方不自在。用厕所前要向主人打招呼，不仅是出于起码的礼貌，也会减少意外情况的出现，让主人更容易接受你。

专家支着：厕所是主人的“禁地”，拜访他人时，要注意以下几点

1. 拜访他人时，尽量不要使用主人的厕所。
2. 在使用主人厕所前，一定要请示对方，并得到对方许可。
3. 使用厕所时，要注意个人卫生。
4. 不要长时间占用厕所。

Chapter 04

沟通篇

——一字一句皆“有礼”

电话沟通不可不知的礼仪

对方可以透过电话“看到”你的表情

经典案例： 林小姐是一家公司的电话销售人员，每天的主要工作就是通过电话与客户沟通业务。最近，林小姐所在部门的业务量剧增。这样大量的、重复的工作，使林小姐在这个炎热的夏季十分焦躁。早上还能保持端坐姿势打电话的她，过了几个小时就已经快倒在椅背上了，脸上的表情更是十分地不耐烦。于是，每天几乎只有在上午能谈成一些业务，到了下午，很多客户不等她介绍完项目，便挂断了电话。林小姐一开始不明白其中的原因，后来经过反思才意识到，可能自己不耐烦的态度，影响了声音，让电话对面的客户“看到”了自己的情绪，使客户对自己介绍的项目也没了好感。找到症结所在的林小姐及时调整了自己的情绪，在此后的电话销售中，始终保持精神的坐姿，脸上挂着亲和的微笑。果然，林小姐的业务越谈越顺利，还成了公司的销售明星。

要点解析： 大多数人认为，在通话过程中，对方只能听到声音，看不到自己的表情。其实不然，在通话中，你的表情很容易就能被对方感受到。如果打电话的人不注意自己的表情，就像面对面谈话不注重仪态一样，会给人造成不良印象。

在打电话时弯腰弓背，或者半躺着，从听筒传给对方的声音就会慵懒无力，底气全无，令听者对说话者态度产生怀疑；打电话时阴着脸，声音就会冰冷、毫无热情，令听者心生不悦；打电话时来回走动，或是抖腿，声音就会时高时低，容易不平稳，会令听者对打电话人的信任度大打折扣。

专家支着：在通话过程中，表情举止要注意以下几点

1. 通话时应保持站立姿势或端正的坐姿，不可随意走动。

2. 通话中应保持微笑、亲和的表情。

3. 通话过程中要避免抖腿、歪斜身子、低头等小动作。

4. 通话过程中要避免吃东西、打哈欠等行为，如难以控制打哈欠，一定要掩住话筒避免对方听到。

电话接通后要先询问对方是否方便

经典案例：孙莉最近喜得贵子，在家里休产假。虽说是休假，可一点也不清闲。几个月以来，孙莉的注意力时时刻刻都集中在孩子身上，一直没有休息好。这天，孙莉正在哄孩子睡觉，好友陈琳琳的电话就打来了。电话接通后，陈琳琳也不问对方现在方不方便，就向她倒了一堆“苦水”。陈琳琳刚刚结婚不久，对于家庭生活的许多矛盾手足无措，常常打电话向孙莉抱怨。每次无非就是婆媳关系难处理之类的琐事，这次也不例外。孙莉一边心不在焉地听着，一边一只手拍着孩子。当陈琳琳说到激动处的时候，由于声音过大，声音从听筒传出来，吵醒了刚要入睡的孩子。孩子“哇”的一声哭了起来，孙莉一阵慌乱，连忙安抚了陈琳琳几句，便挂了电话。

小孩子哭了不好哄，孙莉十分烦躁，对打电话的好友也产生了一丝埋怨——她什么时候能考虑一下别人的处境，问问别人方不方便再说话呢？

要点解析：电话接通后，不询问对方是否方便，就自顾自地开始讲话，那么必然会造成谈话中的不方便。

如果对方是在安静的办公室或是在开会，电话接通后你就直接进入正题，对方即使想对你有所回应，恐怕也无法应答自如。如果对方在上课或是在图书馆阅读，那么就会耽误别人学习的时间。如果对方从事医

生、警察等职业，你的电话就很容易使他们分心，影响工作状态。

即使对方不是在学习或者工作中，仅仅是在家休息或是在招待客人，如果不询问对方是否方便就要求对话，也是对人的一种不礼貌的打扰。

对方在这种条件下接听电话，是对打电话人的尊重。如果觉得理所应当，不问别人是否方便，就是对对方的不尊重了。打电话时应多为接电话的一方着想，这是打电话的基本礼仪，与人方便、与己方便。

专家支着：电话接通后，应该注意以下几点

1. 首先问好，随后立即询问对方是否方便接听电话。

2. 如果感觉对方说话不方便，应主动表示歉意和理解。

3. 如果对方回答不方便接听，应另约时间，并说“抱歉，打扰了”，然后礼貌道别。

请对方回电话时要留下可靠的联系方式

经典案例：李经理最近为了拓展业务，加强了和许多单位的合作。除了平时秘书会维护与主要客户的关系之外，李经理本人还常常亲自联络几个核心客户。不知是不是在公司里拨内线习惯了，每当他提出需要对方回电话时，他总是忘记留下自己的电话号码。这让李经理与客户们的联络十分不顺利。

要点解析：请对方给自己回电话，却不留下方便找到本人的电话号码，就很容易导致联系失败，这是在电话沟通中常见的失误。

如果你要找的人不在，或暂时不方便接听电话，需要接电话人代为转达时，如果只是对接电话人说：“麻烦您，请他给我回电话。”一定会让人觉得莫名其妙。首先，请对方回电话，却不留下明确、可靠的号码，这通电话就毫无意义。因为你很可能和接电话人并不熟悉，对方必然不知道你的身份、身处何地。这样就会使你要找的人为了确认你的身份和电话号码大费周折，于是很容易造成联系失败。

不要在潜意识中认为对方应该有你所有的联系方式，即使是熟人。

所以，请对方回电话时，要清楚地留下能联系到本人的电话号码。

专家支着：请对方回电话时应该注意以下几点

1. 应明确告知接电话人自己的姓名、电话号码、单位等有效信息。

2. 应告知自己方便接听电话的时间。

3. 如有要事，应告知对方回电的有效期限。

错过的电话要及时回拨

经典案例：开了一下午会的刘鑫，回到自己座位上，看到手机上有个未接来电。由于号码不熟悉，再加上忙碌了一天正准备下班，刘鑫就没有及时回电话，想晚上回家再处理。结果晚上家庭聚餐，回自己住处之后已经很晚，回电话的事情也早就忘到了脑后。第二天，当他想起那个电话的时候，再回过去，发现对方是自己的一个客户。客户语气十分冷淡，说本来自己昨天有些业务想咨询，已经找别人办好了，就不麻烦刘鑫了。这时刘鑫才意识到，自己可能错过了一单生意。

要点解析：错过电话在生活中并不少见，如果错过电话且不及时回拨的话，可能会错过重要的信息，或者消磨对方对某件事情的热情和诚意，甚至错失重要的机遇。

新闻记者错过电话，也许会错过一条重大的新闻。演员错过电话，也许会错过对事业极为有推动力的角色。医生错过电话，可能会延误病人的病情。可以说，在工作岗位上错过电话且不及时回拨，无异于失职。在私人往来中错过电话，也可能会对人际关系产生不良影响。

总而言之，错过电话不及时回拨，就一定会错过更多。

专家支着：在错过别人电话的时候要注意

1. 当得知此事的时候，一定要及时回拨给对方，询问有何事。

2. 如果对方留下速回电话的消息，一定要按消息提示回电。

3. 如果因为一些原因，不能及时给对方回电话，一定要在回电时表示歉意。

不宜在会客时长时间接打电话

经典案例：周末，莉莉应邀到依然家做客。两个人由于平时工作忙碌，很少有机会小聚。所以莉莉很开心，想借这个机会和依然好好聊聊天。到了依然家，依然对莉莉很热情，又是切水果，又是拿零食。但是，两人没能如愿好好地聊天。因为在这期间依然电话特别多，每次一接就是十几分钟，莉莉只好无聊地自己翻杂志。慢慢地，莉莉最初来做客的热情被消磨光了，没有吃晚饭便告辞了。

要点解析：很明显，在会客期间长时间接打电话，是对客人的怠慢，大部分人对此都无法容忍。

当有客人来你家中做客的时候，你若是频繁地接打电话，将对方晾在一边，必然会让对方感到不舒服。一方面对方可能感觉自己不受重视，另一方面会令对方觉得自己的来访对于你来说是一种负担。

如果来访者是一位许久未见的老朋友，更会使之认为他对你已经不再重要，给对方造成感情上的伤害。

所以，无论你与客人的关系亲疏远近，都应尽量避免在会客时长时间接打电话。

专家支着：在会客时接电话的时候应该做到

1. 有重要电话不得不接打时，应该真诚而礼貌地向客人说明。

2. 接打电话时应请客人稍作休息，并避开客人。

3. 会客时间接打电话应尽量简短，可以礼貌地和对方改约时间。

用简洁的话语设置录音电话的提示音

经典案例：因为怕错过来电，吕女士给家里换了一台可以留言的录音电话。她想，这样一来，应该可以大大减少错过重要电话带来的麻烦。但是，这台电话上岗已有两个月，收到的留言却寥寥无几。一天，吕女士的好友在上门拜访的时候，直言给李女士家里打过几次电话，想留言却因为提示音太过复杂而放弃。李女士恍然大悟，原来如此。

要点解析：当你因为某些原因不方便接听电话，而又不想错过重要来电的时候，录音电话的留言功能就变得尤为重要。当来电者有要事的时候，可以留言说明。但是，如果你设置的电话留言提示语过于复杂，就不会起到预想的作用了。这是因为每个人的耐心都是有限的，如果电话留言提示语过于复杂，很可能来电者还没听完就挂了电话，更不用说留言了。

若是公司电话，电话录音提示语音过于烦琐，除了使人厌烦之外，更会给人留下公司机构冗杂、办事不力的印象。像这样起不到作用的烦琐留言提示音，毫无意义，形同虚设。

专家支着：设置电话录音提示语的时候要谨记以下几点

1. 语言要简练，做到言简意赅、无疑义。

2. 不要使用古怪、不正式的声音作为提示音。

3. 不要加入太长的音乐和不合时宜的玩笑话。

礼貌冷静地应对打错的电话

经典案例：周五晚上，小陈正在上网，正当浏览一则精彩视频的时候，电话忽然响了。小陈一看是一个陌生号码，本来不想接听，但是打电话的人太执着，连续打了两个，于是小陈接了电话。电话接通后，对方是一个陌生人，显然是打错电话了。小陈很不耐烦，就让对方看清楚号码不要乱打，语气十分不善。对方显然也很焦躁，便回了一句："神经病！"挂断了电话。小陈十分生气，好心情也没了。平静下来之后，小陈想，可能自己刚才的态度也不太好，不能完全怪对方粗鲁。

要点解析：打错电话这件事，谁都有可能遇到，也有可能做过。试想一下，如果你一不小心打错了电话，听筒里传来一阵暴风骤雨般的责骂，你肯定觉得特别委屈、恼火。并且，一定会觉得对方是个粗鲁、野蛮的人。

粗鲁地对待打错电话的人是十分不礼貌的，对于自身来讲，会降低自己的格调；对于你所在的单位来讲，还会造成恶劣的影响。

所以，应对打错的电话时，应该保持良好的风度，而不是气急败坏。

专家支着：当别人打错电话的时候应该谨记以下几点

1. 如果与对方要找的人毫不相关，只需要你语气平和、简单明了地告知对方打错电话即可。

2. 如果只是打错了部门，应告知对方正确的号码。

3. 如果对方存有疑义，应告知对方你的号码及单位，让对方知道确实打错了电话。

拨打公务电话要选择恰当时间

经典案例：贾小姐是一名典型的职场“白骨精”，现在是某公司人事部负责人，年纪轻轻的她是团队中的骨干和中心，职场成绩耀眼。面对这样一位有能力的领导者，她的下属们自然是十分敬佩，但也有一些烦恼。因为贾小姐太热衷于工作了，常常在休息日加班，这就导致她常常要在休息日打电话去叨扰自己的下属确认一些问题，令她的下属们有苦难言。其实贾小姐作为领导，为人十分亲和，只是这一点令一起共事的很多人多多少少有些怨言。

要点解析：拨打公务电话而不选择恰当的时间，很容易影响办事效率。如果太早，还没到上班的时间，你打电话过去，必然没人接听，平白浪费自己精力和耐心；而在别人休息的时候打公务电话，如下班之后、休息日，则很可能令对方不悦；如果事物较为烦琐，则会破坏别人休息的好心情，令人心生厌恶。

专家支着：拨打公务电话时需要注意

1. 上午 9 点前、11 点之后不是最佳时间。

2. 下午 6 点之后不是最佳时间。

3. 周末和国家法定节假日，不宜拨打公务电话。特殊情况以及紧急情况下，电话拨通后要先表示歉意。

接听公务电话前要做好记录准备

经典案例：于明是个做事大意草率的人，因此也吃了不少亏。前不久，于明面试通过后在某家公司做实习秘书。一次，经理办公室的电话响了，恰好经理不在，于明赶忙去接电话。原来是公司的客户王先生打来的，约经理下午 × 点 ×× 酒店去洽谈一下 ×× 业务。于明本想记下信息，可办公桌上一支笔也没有，只得说："您稍等，我找纸笔记一下。"可等于明找来纸笔后，再拿起话筒，对方已经挂断了。

要点解析：打电话前，应该做好充足的准备。让对方等着你做准备是极为不礼貌的。

很少有人有耐性地让你把时间花费在找纸笔上，因为这些是你在接听电话前该做好的准备。匆匆忙忙接听电话，却没办法记下对方说出的重要信息，对自己而言，是重大损失，可能会因此错过一次难能可贵的机会，也可能失去他人对你的好感；对对方而言，会觉得自己所说的内容不重要，也感受不到你对他的尊重和重视。如果是代上司接电话，不做好准备，草率地接听电话，则可能影响上司的工作和上司在客户心中的形象。自然上司对你的印象也不会很好。

通话前做好充分的准备，既是对对方的尊重，也是对自己的负责。一方面，可以节省双方的时间，提高办事的效率。另一方面，顺畅的交流也会增进彼此的好感，促进事情的顺利进行。

专家支着：为了保证通话的顺利进行，通话前需要注意以下几点

1. 接听电话前，要准备好纸笔，尤其是重要的电话。

2. 停止手头的工作，集中注意力，不要分心。

3. 注意手握电话的姿势，不要让电话滑落下来，发出刺耳的声音。

接听电话要选择适当的场合

经典案例：赵卫卓下班后去菜市场买菜，恰巧手机响了。看到是老板打来

的，赵卫卓忙按了接听键。“喂，老板，请问有什么事吗？”赵卫卓问道。“喂……喂……小赵，听得见吗？喂……”“老板，听得见。您说！”他扯着嗓子喊起来。“……你把昨天……文件……”老板的话，赵卫卓十句听见了三句。于是，便大喊着问道：“老板，您能再说一遍吗？”这样重复了几次，老板终于没了耐性，说了一句：“怎么这么乱啊！回头再说吧！”就挂断了电话。赵卫卓只好放下手机。可一抬头，发现周围人都瞪着他，于是菜也没买就赶紧走了。

要点解析：嘈杂的环境不适宜接听电话，接听电话需要选择周围较安静的场所。

生活中，我们经常听到有些人拿着手机大声地喊叫。作为旁观者，我们都会心生反感，何况电话另一端的人了。嘈杂的环境，或许不是自己的错，但选择在嘈杂的环境内接听电话，还时不时大声嚷叫，就只能是自己的原因了。也许电话这头，我们除了说话费点力气之外，感觉没有什么异样，但对方和周围的人则会觉得你的行为有失体统。嘈杂的环境内，双方很难听清彼此的话语，造成交流困难，不仅浪费时间，对方对你的耐心也会减少，甚至会转喜为怒。而如果噪声是自己制造的，如电视的音量过大，或是嘴里咀嚼食物等，更是不可取的。这不仅是不礼貌的行为，表明对对方的态度不认真，还会增加他人对你的厌恶，破坏双方关系。只有尊重他人，也才会被他人尊重。

因此，选择合适的场合接听电话，是极为必要的。

专家支着：接听电话时，要注意场合和环境

1. 接听电话要选择安静的地方，不可在嘈杂环境接听重要电话。拨打电话时，同样要注意这些。

2. 接听电话时，嘴里不要咀嚼东西。

3. 接听电话时，要把电视的音量尽量调低，不要制造噪声。

不要让电话等你太久

经典案例：一天下午，王飞正忙着处理自己手头的事情，电话突然

响了。王飞瞧了一眼，是个陌生号码，就没在意。直到响了八九声，王飞才拿起电话。问过之后，原来是某公司的人事部经理邀请自己参加面试，王飞立刻变得恭敬起来。但长时间的等待，对方已经消磨了耐心，草草说了几句话就挂断了电话。王飞这才意识到，对方连面试的时间和地点都未通知他，而自己也失去了这次面试的机会。

要点解析：电话响了，你是忙完手头的工作，才把注意力转到电话上，还是响过几声之后就接听？很多人可能会选择前者，也正因此，他们失去的机会往往比选择后者的多。不要让电话等你太久，不是顾虑电话铃声打扰你的耳朵，而是考虑到电话另一头的等待。谁都不愿意自己被别人晾在一旁，也没有人有义务把时间浪费在等待你的空闲时间上。

面试官如果遇到久打不接的面试者，会觉得你不重视这次面试机会，或是认为你太自负；朋友如果有急事打电话，等了很久才有人接听，也会觉得你不可靠，不够朋友，不值得信任，以后有事自然也少联系你；假如是妻子的电话，长久不接，甚至会引起妻子的怀疑和猜忌，影响二人的情感。

不让电话等太久，是尊重对方的起码要求，也是一个人人品、处事态度的体现。

专家支着：电话响起，应该谨记以下几点

1. 电话铃声刚响时，不宜接听。

2. 不可让电话铃声响太久才接听。

3. 最好在电话铃声响到 3 次时接听。

代接电话时要注意

经典案例：赵经理出差已经两周，作为助理，凯西在认真地整理文档。这时，电话响起，一位董姓先生自称是经理好友，有急事找经理。凯西礼貌地回答说：“抱歉，经理不在。有什么需要帮助您的吗？”“那你把赵经理的手机号告诉我。”“抱歉，手机号码属于个人隐私，我无权

私自泄露。如果方便的话，您可以把事情告诉我，我可以帮您转告经理。”赵经理对凯西的做法很满意，觉得这才是合格的助理。

要点解析：电话铃声响起，电话主人却不在，在适当情况下，我们会代接电话。但代接电话也是有学问和技巧的，有些东西需要注意。

有时候，对方讲了很多话之后，代接电话者才自报家门，说自己不是某某，这会让对方觉得很唐突，在接下来的对话里，就会很不自然。也可能会责怪你不早说，让他白费口舌。若交谈不好，电话主人心中也会埋怨你多管闲事，或处理方式不当，自己反落得个里外不是人。还有的时候，你向对方透露了电话主人的隐私，给电话主人造成了困扰，就更易引起电话主人的不满，他会觉得你不尊重他的隐私。

代接电话不是件简单的事情，要谨慎处理，才不致被人指责。

专家支着：代接电话时，要注意做到以下几点

1. 接通电话后，首先要自报家门，让对方清楚你是谁，要找的人在不在。

2. 要尊重电话主人的隐私，不能随便透露，可帮对方代为转告。

3. 接听电话要有礼貌，做好信息记录，传达给电话主人。

不要着急挂断电话

经典案例：一天下午，梁天正在经理办公室看文件，自己的部下刘涵打来电话。刘涵是个积极进取的员工，梁天一直想找个机会把他提到副经理的位置。

“梁经理，我是刘涵。”“小刘，有什么事吗？”“我家里临时出了点急事，想请两天假，可以吗？”梁天思考了一下，“可以。小刘……”“好的……”梁天还没来得及问其他的，对方已经重重地把电话挂断了。刘涵的行为让梁天有些生气，他对刘涵的印象也大打了折扣。

要点解析：谈话还未结束或者刚结束，就挂断电话，是一种极不礼貌的行为。

如果对方是你的长辈，着急挂电话，会让对方觉得你不懂得礼数，不尊重他；如果对方是你的上司，会觉得你不乐于和他谈话，或是对自己心有不满，想尽快结束通话；如果你是领导，下属会觉得你拒人于千里之外，自然跟你保持距离，而你自然也难以和员工达到真正的交流，从而影响工作；而假如你是求人办事，自己着急挂电话，对方不仅会很生气，还会觉得你的请求并不是出自真心。相反，别人请你办事，着急挂电话，会让对方以为自己得罪了你，觉得你太难亲近。

着急挂电话，无论对方是谁，都是不妥的。不仅会影响你在他人心中的形象和地位，也不利于你今后的发展，甚至错失很多和他人进一步交流的机会。

专家支着：挂电话时应注意一些细节问题

1. 一般而言，由主动打电话或主动开口者先挂电话。

2. 挂断电话前，应保证对话完全结束，并礼貌地说完“再见”。

3. 应在结束对话的 2 ～ 3 秒后，轻轻挂断。

开会时不适合接听电话

经典案例：过年后开始工作的第二周，公司召开集体会议，莫莉和同事陆续走进大会议室。总经理正在讲台上宣布公司今年的计划，莫莉的手机突然响了。看到是好友打来的，莫莉赶紧弯下腰，接听电话。可正说到关键时，总经理突然叫了她一声：“莫莉，你对公司的计划有什么看法？”顿时，大家都把目光集中到她身上。莫莉僵直着身子，电话里却依稀传来好友询问的声音：“喂，莫莉，怎么不说话啦？周末到底去哪儿逛啊？喂……”

要点解析：正在开会时，尤其是重要会议上，不适合接听电话。

打断他人讲话，是没有修养的行为。开会时，手机铃声响起或接听电话，都会影响会议的顺利进行。会议场所是一个公共场所，当大家集中精力听取会议主持者的报告，或正在讨论相关事宜时，作为参加会议的一分子，应该参与进去。会议中接听电话，不仅会影响自己对会议内容的听取，也会影响他人开会的情绪和注意力。如果因为接听电话，错过了会议的重要内容，很可能会导致工作出现失误。如果开会时，人人接听电话，只忙着自己的私人事情，那么会议也就没有存在的意义了。

因而在开会前，一定要做好相关准备，以免在会议上的表现有失礼仪。

专家支着：开会时，不想让电话打扰会议，要注意以下方面

1. 开会时，不宜接听电话。

2. 开会前，可以把电话调成振动或静音。

3. 如果和客户约好，则可以设置留言，会议结束后再打给客户。

面谈交流一定要懂的礼仪

不宜在路边交谈，以免妨碍他人

经典案例：一个周末的下午，陈菲在一家超市购买了一些生活用品后，提着两个重重的手提袋走在回家的路上。忽然，她看到一个熟悉的身影，于是她走上前去。仔细一看，还真的是一个好久没见的老朋友。由于毕业以后很少碰面，两人都十分兴奋。通过交谈得知，这位老同学在前不久才搬到了这个街区。她们彼此交换了地址，还约好以后要常联系。可能是由于遇见老友太兴奋，两人似乎都忽略了她们站在路边已经说了将近十分钟。过路的行人不得不绕开他们，有些行人对他们投来了异样的目光。

要点解析：在日常生活中，我们可能经常会看到站在路边相谈甚欢的人，实际上，这种行为是十分不合礼仪的。

路上遇到老朋友或是熟人，站在人来人往的路边就迫不及待地聊起来，这对路人和过往车辆来说，无疑构成妨碍。挡到别人路的时候，还有可能发生危险。

如果是在某个较窄的过道上，交谈时如果超过三人，行人多半要绕路走。若是在工作单位，和同事站在走廊过道长时间交谈，遇到领导的话，会给领导留下闲散的印象。遇到前来参观访问的客人，还会影响单位形象。

专家支着：与他人交谈时要有公德心

1. 在任何场合下，都不应占用公共通道。

2. 多人交谈时不宜扎堆，妨碍他人。

3. 在户外偶遇熟人，不要在人多拥挤的地方停留叙旧。

交谈时注意与对方保持适当的距离

经典案例：林立成是新调任到某公司的项目总监，为了迅速与团队中的同事熟络起来，达到最佳工作状态，他常常在工作中和同事们沟通，在工作之余，更是和下属们交流频繁。林立成所带的团队都是年轻人，思维十分活跃，氛围也十分轻松。再加上他本人也十分年轻，常常和同事打成一片。不过，职场毕竟是职场，林立成的随和自然是好事，也常会带来负面影响。比如，为了展现亲和力，与下属谈话时过于随意，常常会距离对方太近。但他不知道，其实这样很容易令对方感到紧张，有时候反而影响交流效果。

要点解析：在与他人的交谈过程中，如果不注意保持恰当的距离，交谈就无法收到良好的效果。

在生活中，如果与对方关系一般，达不到亲密的程度，谈话时距离对方过近的话，对方就会感受到威胁以及压迫感。如果对方是异性，交谈时的距离太近，就更会令对方不安和不悦。

在工作中，领导与下属谈话时，如果距离过近，会有损领导威严。

在别人看来，这超越了上下级关系，容易造成误会。与同事讨论工作问题时，距离太近，则不利于大家集中精力谈论正题；距离太远，又有逃避责任的嫌疑。

专家支着：在与人交谈时应注意

1. 一般关系的两个人交谈时，应保持社交安全距离。

2. 如果与对方关系亲密，可以将彼此距离保持在半米左右。

3. 对于不相熟的异性，交谈距离不宜小于一米。

听别人讲话时身体不可后仰

经典案例：李贺是一个性格开朗、不拘小节的人。不过，初入职场的他，正是因为“不拘小节”，所以有时让其他同事很不自在。比如，工作间隙，同事们交流的时候，李贺由于懒散惯了，就会仰靠在椅子背上听大家交谈。虽然同事们不说什么，但是心里对这样的举止都有些不舒服。

要点解析：在听别人说话的时候，身体向后仰，是一种失礼的行为。

首先，身体后仰的姿势会显得无精打采，与优雅大方的仪态相去甚远。对方无论是谁，看了都不会觉得愉悦。而且，身体后仰的话，必然会使自己与谈话方的距离拉远，显得态度倨傲无礼，同时给人对谈话内容不屑一顾的印象。对方可能会以为你是在暗示谈话内容无趣，想要尽快结束谈话。

这样的情况下，如果对方是你的下属或晚辈，很可能会觉得自己说错了什么，局促不安；如果对方是上级或者长辈，则会觉得自己不被尊重。这样一来，就很容易产生不必要的误会。

专家支着：在听别人讲话时应注意

1. 身体应该适度微微向前倾，表示认真倾听。

2. 不要歪斜身体，闲散状态容易给他人你并不在意的感受。

3. 仪态要端正，不要懒散、无精打采。

说话切忌总以“我”字开头

经典案例：小舟是一个十分自信开朗的人，在工作和生活中，十分敢于表现自己的个性。在团队会议中，小舟发言十分积极。每次都是直抒己见，侃侃而谈。不过，不知是不是太注重自己的想法，小舟一般都是以“我”字开头阐述观点，这就令许多同事觉得有些不舒服。后来，小舟听取了同事的意见，于是改进说话方式。果然，小舟受到了同事们的欢迎。

要点解析：在谈话中，频频用“我”字开头，绝不是自信的最好表现，相反，十分不得体。

习惯于用“我”字开头是自我的表现，显得过于自大、张扬。在人际交往中，人们很难喜欢以自我为中心的人。时时处处以“我”字开头，会显得人视野狭窄，肤浅，只在乎自身的观点和看法。

如果你是向别人提建议，别人很有可能会认为你讲不出什么建设性的内容，而对你的信任度大打折扣。

如果你已经不知不觉习惯以“我”字开头，最好多加注意，及时纠正这种习惯。

专家支着：在与人交往和交谈的过程中应该注意

1. 不应时时处处以自己的意见为中心。

2. 不应只谈自己，应主动顾及他人。

3. 代表集体讲话时，应多使用“我们”“大家”等词汇，避免个人主义。

切忌把口头禅挂在嘴边

经典案例：老梁有很多句口头禅，他对“然后”“所以说”“是吧”这些词使用率极高。无论是在平时和别人聊天的时候，还是开会讲话的时候，大家都能听到这样的口头禅。他的下属们常常在背后以此为笑谈，虽然不属不尊敬的取笑，但毕竟老梁作为领导，讲话总带着口头禅，还是会显得不太专业，对自己的权威是十分不利的。

要点解析：总将口头禅挂在嘴边，并不是一个好习惯。

比如，有的人习惯在句子开头说“貌似”“也许”，在结尾的时候喜欢说“是吧”，这样的说话习惯会让人觉得你没有主见；有人喜欢说“有没有搞错”之类的话，虽然你不觉得有什么不妥，但很容易给别人留下贬低别人的印象，会让人觉得你性格自大，没有内涵；有些人喜欢说“哎哟”“啧啧啧”等词语，这些词语的意义多表示惊讶，常挂在嘴边会令人觉得大惊小怪，阴阳怪气；还有些人的口头禅是“你必须”“听我说”等带有强制色彩的词语，这样会让人觉得控制欲强，我行我素。

口头禅虽然是一种无意识的行为，却很容易在脱口而出之后引起别人的反感，是不得体的。

专家支着：平时说话时应该注意

1. 应有意识地避免无意义的词语重复。

2. 说话要通顺、连贯，不应使用过多连缀词。当然，脏话更是要避免。

3. 尽量避免使用太多的关联词，如“然后”“那么”“所以”，等等。

交流时要谨慎使用有双关意义的词语

经典案例：一天，研发部的李小姐给人事部打来电话，找一位名叫张晓的员工。接电话的同事可能比较忙，在回答李小姐时说张晓“不在了”。李小姐先是大吃一惊，不过一会儿便反应过来，这名员工应该只是调到其他部门了。细加询问，果然是调到分公司去了。不得不说，在说话时滥用双关语，会给人造成不小的困扰。

要点解析：双关语，顾名思义，就是含有两种以上意义的词语或短句。在与人交谈时，双关语的使用要慎重，如果使用不当，会给社交带来不必要的麻烦。

和异性谈话时，无意间使用含有暧昧含义的双关语，容易使对方产生误会，引起对方不悦，对交往毫无益处；在和长辈，尤其是和上了年纪的长辈说话时滥用双关语，对方可能会认为你卖弄小聪明；在与同辈或晚辈谈话时滥用双关语，对方可能会觉得你故作高深；在与合作伙伴沟通时滥用双关语，则可能会使对方怀疑你的真诚。

专家支着：在与人交谈时，在词语的使用方面要注意

1. 不要使用“挂了”“去了”等容易引起误会和令人反感的词语，尤其是在老年人面前。

2. 尽量避免使用“这不太好办”之类的话来回答你的客户。

3. 在与异性交谈时，不要使用含义模糊的词句。

无聊的搞笑不等于幽默

经典案例：吴琦的性格从小便是大大咧咧的，常常喜欢和别人开玩笑，有时还喜欢捉弄人。上学的时候，每次玩笑开得太过分，总会令同学恼火。他却不以为然，认为自己并没有恶意，反而怪别人不懂幽默。后来，离开学校进入了职场，吴琦在这方面吃了不少亏。很多同事都不喜欢他这种行为，这让他在单位里一度陷入了人际危机。

要点解析：幽默感并不等同于随意的玩笑和一味搞笑。

拿别人的生理缺陷开玩笑，或者因为某件事情取笑别人，是不礼貌的。而在别人身上贴小纸条，或者解别人的鞋带等行为，绝对不是友好的开玩笑，而是一种无聊的恶意行为。将无聊行为当作幽默，实在是很不明智的举动。

专家支着：给他人制造幽默时应该注意

1. 不要把捉弄别人当作幽默。

2. 不要把夸张的动作、表情当成幽默的体现。

3. 内容健康、不低俗而又使人会心一笑的玩笑才称得上幽默。

开玩笑要区分清楚对象和场合

经典案例：在一次同学聚会上，当年的同窗们推杯换盏，谈论往昔

岁月，十分愉快。当年身为班长的李伟，还是那样开朗健谈，和每一个人都毫不生疏。当他与坐在身边的昔日同桌张志昌聊天时，勾起了许多美好的回忆。他给大家讲起了张志昌和同班一名女生的“绯闻”，说得眉飞色舞，丝毫不顾张志昌和坐在对面的女同学的尴尬。

要点解析：不分场合和对象随意开玩笑，这种做法是愚蠢的。

和陌生人或是不太相熟的人开玩笑，可能会给对方留下不好的印象，让对方对你产生反感；和生性内向、老实的人开玩笑，对方多半会很尴尬，甚至感到恼火；和长辈或是上司开玩笑，对方会觉得你目无尊长，不讲礼貌。

在一些特殊场合，开玩笑更要慎重。比如，公司会议上，大家正在讨论一个严肃的方案时，主持会议或者参与会议的人开了个不恰当的玩笑，很容易让一桌人感到莫名其妙；在课堂上随意玩笑，会转移学生的注意力，扰乱教学秩序；在医院等气氛严肃的地方随意开玩笑，更会让人觉得你不尊重他人。

总而言之，开玩笑要看对象和场合，即使有些玩笑无伤大雅，但在不恰当的场合，也会引发许多麻烦。

专家支着：开玩笑要注意对象和场合

1. 不应随意与领导、长辈、来访宾客、异性开玩笑。

2. 对于一些多疑、敏感的人，开玩笑要慎重。

3. 在剧场、博物馆、图书馆、电影院等应当安静的场合，不宜随意开玩笑。

4. 在办公环境或是一些严肃场合，不宜随意开玩笑。

开玩笑时要注意内容是否适宜

经典案例：罗茜是某机关单位后勤部的行政人员，开朗乐观，工作积极，人品也不错。但是大家都知道她有一个小毛病，就是开玩笑不注意把握分寸，总是得罪人。上班不久，她发现后勤部有一名同事张易，长得斯斯文文，对谁都是笑眯眯的，十分随和的样子。罗茜常常和他开玩笑。这天，张易穿着一身新衣服来上班了，灰西装、灰衬衫、灰裤子、灰领带，正好在走廊上被罗茜碰上。罗茜夸张地大声说道："张哥，您今天穿新衣服了！"张易听了咧嘴一笑，还没来得及品味喜悦的感觉呢，罗茜又加了一句："整个人活像一只灰老鼠！"张易听后哭笑不得，默默地回到了自己的位置上。

这样的玩笑对罗茜来说是家常便饭，比这更过火的还有很多。天长日久，张易根本不愿意接触罗茜，以至于罗茜无法与同事正常沟通交流，工作开展得也很不顺利。

要点解析：开玩笑不仅要分清对象和场合，内容是否得当也是十分重要的。

别人不小心口误说错了话，不小心当众出了丑，如果你偏偏拿出来在众人面前开对方玩笑，无疑是让对方出丑，很容易让人下不来台；别人如果身高不高，或是体重超标，你总拿别人的体貌特征开玩笑，更会令人心生厌恶；别人正因为一些事心情烦躁，你却拿这件事情开玩笑，无异于取笑别人的无能，让别人更加郁闷。

虽然很多人开玩笑并没有恶意，但是事实上却往往伤害到别人。这样很容易在不知不觉中得罪人，对人际交往十分不利。

专家支着：开玩笑时要把握分寸

1. 切忌拿别人的生理缺陷开玩笑。

2. 切忌拿别人的隐私开玩笑。

3. 切忌拿别人的尴尬事和伤心事开玩笑。

与他人面谈时目光不要四处躲闪

经典案例：刘星刚毕业，做的是销售工作，大多数时间都需要和陌生人交流，这给他带来了很大的困扰。因为他的性格有些内向，和人交谈的时候，总不知道目光该落在哪里，更不敢跟别人对视，感觉非常尴尬。

他自己也知道，其实这样是不礼貌的，尤其对方是异性的时候，显得十分窘迫。他为此十分苦恼，想要改变却不知道该怎么做。

要点解析：与人交谈时注视对方，是对对方的一种尊重。当然，注视别人也要注重礼仪，目光不应随便看人。

当注视对方的时候，如果只注视眼睛之外的部位，而不与对方目光接触，是内心胆怯、不大方的表现。但若是将谈话对象很明显地从头打量到脚，则是不信任和不尊重对方的表现。

在时间上，在交谈时，人们用视线接触对方脸部的时间占全部交谈时间的 30%~60%，过长会被认为对对方本人比对其谈话的内容更感兴趣；过短则被认为对对方本人及其谈话内容都不感兴趣。

在位置上，目光注视对方应该自然、稳重、柔和，不能紧盯住对方的某一个部位。如果只是注视对方的某一个部位，是无礼的表现。在与异性的交谈中，这样做更是极为不礼貌的。注视对方的位置不同，所传达的信息也有所不同。

但在不同场合目光注视的范围是不同的：在公务交往中，目光范围一般是以两眼为底线，以前额上端为顶点所形成的三角区间。注视这一区间能够造成严肃认真、居高临下、压住对方的效果，这多用于商务谈判、外事交往和军事指挥。

在日常社交场合中，目光范围一般是以两眼为上线，以下领为下点所形成的倒三角区间。注视这一区间容易出现平等感觉，让对方感到轻松自然，从而创造良好的氛围。

专家支着：与人交谈注视对方时应注意

1. 如果与对方关系一般，达不到亲密程度，应保持适当距离，使眼神的交流不至于突然。

2. 与人交谈时，目光应停留在对方胸部以上，注意力应在对方眉眼部位。

3. 不应以居高临下的姿态俯视别人，也不应斜视别人。

不加掩饰地注视别人很不礼貌

经典案例：李涵是一名平面模特。有一次，她在户外拍写真，摄影师一直盯着她看。一开始，李涵觉得他在摸索拍摄的角度，后来发现他在其他时候也总盯着自己看。比如，休息间隙、吃饭的时候，或者当他们很普通的对话后，摄影师的眼睛还是一直不离开李涵的脸。这让李涵感到十分尴尬，只好装作看不见，把眼神抛向别处，或者和朋友说话时避开他的眼神。

要点解析：不加掩饰地注视他人，也就是俗话常说的"死盯着别人看"，是一种极其不礼貌的行为，会令对方心生厌恶。

因为不加掩饰地注视别人，会令你的仪态看起来不大方得体，甚至猥琐。这样的注视会令对方觉得你动机不纯，有恶意企图，会给人造成心理压力，让人不自在。这样一来，对方很难再跟你接近交谈，非常不利于双方的交流和交往。

专家支着：注视对方时要适度

1. 注视对方时，应注意对眼神有所控制。

2. 如果与多人交谈，不应只注视一个人。

3. 不要注视对方身体的敏感部位。

在交谈中充分发挥主观能动性

经典案例：王天羽是个性格内向的小姑娘，从小就不习惯主动和别人打招呼，就算见到亲戚也不喜欢称呼对方，只和人家笑一笑。这样的性格给她带来了许多烦恼，她也很想改变自己。但实际情况是，常常一句话到了嘴边却说不出来。为此，她十分自卑。有时明明对一个人有好感，就是不会表达自己的情感。在外面玩也不活跃，不喜欢说话，别人问什么回答什么。就这样，她当众说话的机会越来越少。发展到现在，人一多她讲话就很紧张，觉得引起别人注意是很难为情的事。所以，目前的人际关系状况十分糟糕。她很羡慕那些乖巧的小孩子，或者跟长辈关系好，朋友一大群的人。她想变成他们的样子，却总是无法主动和人交谈。

要点解析：在生活中，不肯主动与他人交谈的人，是很难受到他人的注意和欢迎的。

在聚会中，如果不主动与他人交谈沟通，就会错过很多结识新朋友的机会；在工作场合，如果不主动与他人交谈，容易脱离组织，与同事关系生疏。这样一来，上下级都没有办法了解你，不利于工作的顺利开展。

总之，在社交场合中，不积极与人交谈会给人留下性格古怪、不合群的印象，使人不愿意和你深入交往。我们都知道，第一印象至关重要。如果初次见面就给别人留下不易相处的印象，那么之后的相处将会十分困难。

所以，在适合交谈与沟通的环境中，不要做一个不肯与他人交谈的人。

专家支着：与他人交谈时要主动

1. 在社交场合，如果身边有不熟悉的人，应适当与他人交谈。

2. 在陌生的环境中，应注意自己的面部表情，切忌冷若冰霜。

3. 在职场中，应主动与共事的伙伴们交流。

对他人的主动交谈要积极回应

经典案例：陈晨今年24岁，父母在她小时候离异，各自组建了新的家庭。因为这个原因，她平时很少说话，在与人沟通方面存在很大的问题。小时候面对老师，不知道该如何跟老师沟通；长大了，不知道该如何跟上司沟通；面对同龄人友好的搭话，也总是不知道该怎么回应。很多人觉得她很冷漠，但实际上，她只是很在乎别人对自己的看法，不知道怎么样回答别人的问题，才能给别人留下好的印象。

要点解析：在社交场合中，如果有人主动与你交谈，万万不可无动于衷，给人留下不可一世、不讲礼仪的印象。

对方主动与你交谈，是一种积极友好的表现，在社交场合尤其如此。对他人的主动交谈无动于衷，会令人感到不快。一来让人觉得你对他不屑一顾，二来令人怀疑你是否心有不满，不敢与人交谈。无论哪种印象，对你个人都是十分不利的。

所以，对别人的主动交谈不做回应，令对方陷入尴尬局面，是不得体的。

专家支着：对他人的主动交谈应该注意

1. 对于别人善意的主动搭话，应积极地回应。

2. 如果不想与对方进一步交流，应在礼貌回应后，找一个合理的理由离开。

3. 他人主动与你交谈并表达赞美时，应大方回应。

交谈中切忌揭别人的伤疤

经典案例：王菁是一名记者。一次，她接到任务去采访一位女网球运动员。在接到采访任务后，王菁做了很多功课，包括了解这位运动员的职业背景和比赛状况。通过收集资料，她知道了她半年前在一个比赛中，由于严重失误，直接导致无缘参加决赛。

到了采访那天，王菁问了许多问题。女运动员都十分配合，对答如流。但当王菁问到她对上一次的比赛有什么印象时，这位女运动员明显沉默了。只是敷衍了几句，就岔开了话题。

王菁忽然意识到自己问了一个愚蠢的问题，为追求采访效果，揭人伤疤，实在是不应该。想到自己以前对新闻同人们在重大新闻事件或灾难报道中，不顾新闻当事人情绪提问的行为，也颇为看不惯，然而如今自己也犯了这个错误，实在是太惭愧了。

要点解析：显而易见，揭别人伤疤的行为是不礼貌的，更是不明智的。

在交谈中揭别人伤疤，会让别人不得不去面对一些可能已经淡忘的痛苦。这样的举动，在伤害别人的同时，也无异于提醒他人不要跟你深入交往。这样会失去对方对你的信任，自然也不会得到其他人的好感和信任。

专家支着：要想避免在交谈中伤害别人，应该谨记

1. 对于他人的隐私和不幸以及不光彩的经历，做到不提、不传播、不打听。

2. 如果他人将自己的秘密告诉你，应当替对方保密。

3. 如果别人言语上冒犯自己，不可当众用揭对方伤疤的方法报复。

在谈话中不宜纠正别人的错误

经典案例：陈松英文专业毕业，英文水平不错，公司平日里有资料需要翻译的时候，总是很信任地让陈松来处理。同事们有不懂的地方，一般也都会来问他。

有一次，一个新来的刚毕业的小姑娘来向陈松请教问题。陈松不知是不是严谨习惯了，总是纠正小姑娘的英文发音。这让小姑娘十分尴尬，脸红红的，没问几个问题就走了。几次过后，小姑娘便很少找陈松问问题，宁愿悄悄绕过陈松去问坐得更远的其他同事。

要点解析：在谈话中纠正对方的错误，在很多人看来是一种本能行为。但实际上，这种行为会让对方感到尴尬，使对方下不来台。

由于每个人的知识层次、人生阅历各不相同，所以便造成了各自对一件事情有着不同见解的情况。大家对事物的认识不同，本来是很正常的事情。这些问题不能仅用是或非的标准去进行评判。

即使有些人在常识性问题上出现了错误，也不能全盘否定他的知识水平。总之，在交谈中直言对方有错误，是不明智的。

专家支着：在谈话过程中对别人的错误应当正确处理

1. 对于对方非原则性的口误、无关紧要的常识性错误，没必要当面纠正。

2. 当对方身份地位较高，是某一领域权威时，不建议当面纠正对方

的错误。

3. 纠正他人错误应在私下里进行，并且态度要谦和委婉。

交谈中要注意尊重他人的意见

经典案例：莎莎与老公准备结婚，于是，二人提前装修起了婚房。莎莎对婚房最满意的地方，莫过于自己挑选的窗帘。这些窗帘出自一位新锐设计师之手，虽然价格不菲，但由于莎莎非常喜欢，犹豫了几天之后，还是买回了家。

隔了几天，有个朋友来访看到了那些窗帘，问起价钱，然后以夸张的态度宣布："什么？怎么会这么贵！我想你是受骗了！"

莎莎向朋友解释："这是某位新锐设计师设计的，可能是贵一些，但设计感很棒，也算物有所值。"但朋友不以为然，努努嘴说："再牛的设计师，也不能这样圈钱啊！"莎莎听了这话有些不舒服，也不想再解释，只是笑笑说："那可能是我买贵了吧。"

要点解析：对于他人的意见，最先应该表示的态度是肯定与尊重。质疑他人意见的可靠性，其实无异于否定别人。

质疑他人意见的可靠性，对于某个圈子的权威人物来讲，可能是一种挑衅和不满；对于意气风发、急于展示自己的职场新人来说，可能是打击和贬低；对于谨慎胆小，顾虑多多的人来说，可能是威胁和扼杀；对于急性子的人来说，可能是想吵架。

总之，在谈话过程中，质问他人的想法是否正确，做法是否妥当，都是不礼貌的行为。

专家支着：对于他人的意见应该正确对待

1. 与人交谈要认真聆听，不应随意质疑、否定别人。

2. 询问对方问题时，态度端正，保持尊重。

3. 向他人征求意见时，应该信任对方。

切忌在谈话中扮演“祥林嫂”

经典案例：李妍是独生子女，从小被父母过分宠爱，一直认为别人对自己好是理所应当的，也从来不在乎别人的感受。就这样，她的性格变得越来越任性，和身边的人关系也处不好。她找了很多原因为自己辩解，如总把自己身上的问题归咎于父母，总是觉得父母给予自己的还不够。于是对父母很苛刻，对他们很不满，认为自己今天的一切都是父母造成的。所以老看父母不顺眼，还特别爱抱怨他们。

除了家人，她还常常和身边人抱怨。抱怨别人清闲，自己忙碌，抱怨别人的住房宽敞明亮……于是，爱抱怨的李妍给人留下了“怨妇”的印象，身边的人都暗中觉得她像“祥林嫂”。

要点解析：“祥林嫂”是一个标志性人物，唠唠叨叨，抱怨不停。无论是在职场中，还是日常生活中，做像“祥林嫂”一样的人都是不会受欢迎的。

如果只是偶尔向别人倾吐一下心中的烦恼，别人可能会耐心聆听，并劝慰你，为你出谋划策。但是如果说多了，就成了传播负能量的行为，是浪费别人时间和感情的行为。“祥林嫂”式的抱怨，会使整个谈话气氛变得压抑，令对方没有耐心，严重影响对方和你交谈的心情。

专家支着：在与他人的交谈中，请注意

1. 不要反复强调自己的伤心事和难处。
2. 不要向别人讲述谈过很多次的家庭琐事。
3. 不要总是扮演倾诉者的角色，要适当地学会倾听。

聚会时不宜用方言与同乡交谈

经典案例：九月初，某大学如期举行了一年一度的迎新舞会。舞会之前，各班同学分别进行了各自班级的聚会。大家虽然来自天南海北，但都是同龄人，所以很快就打成了一片。大家在聊天中，最先问的问题

就是：你来自哪里？所以，不一会儿之后，很多人都找到了老乡。王源也不例外。在全班同学中，来自南方的同学不多。所以，王源和这几个老乡分外亲热，常常聊着聊着，普通话就变成了方言。他们周围的同学，一开始还觉得挺新鲜，但是发现自己完全听不懂他们在讲什么，只好沉默或者走开。

要点解析： 在一个多人聚会上，用方言与同乡交谈，看似没有什么不对，实际上是错误的行为。

在社交场合使用方言小范围交谈，一方面容易让人觉得你们在搞小团体，不能融入集体活动，另一方面会令人觉得是在哗众取宠。除此之外，一些敏感多疑的人，不免会猜想你们利用方言在谈论别人的隐私。聚会时使用方言，很容易令在座的其他人感到被排斥。

无论从沟通的角度，还是从礼仪的角度来讲，这样的做法都是不恰当的。

专家支着： 聚会时，说话要注意

1. 聚会时应使用普通话，在特定场合使用英语。

2. 与同乡交谈不应压低声音，神态忸怩。

3. 在聚会中不应只和同乡交谈，应与其他人适当交流。

切忌随意打断别人的话

经典案例： 婷婷是个性格开朗的女孩，闲暇之余总喜欢找人聊天，可是身边的朋友很少。

刚到了一个新的工作岗位，谦虚热情的婷婷很快得到了大家的喜欢，可是渐渐地大家都发现了婷婷的问题，开始疏远她。一天，当她和陈姐聊起明星八卦的时候，陈姐无意中提起某某某和某某某最近传绯闻了。陈姐才说了两句，婷婷立刻就打断了陈姐的话，说："哪里，我看的杂志不是这样讲的。明明就是某某某和某某某在一起的……"陈姐见状转移了话题，说到自己对人生的看法，可是没说两句又被婷婷给打断了。最后，婷婷一直滔滔不绝，完全不给陈姐说话的机会。

可是婷婷没有感觉到陈姐的不快，可能自己的这种说话方式已经成为一种习惯。下一次，婷婷又找陈姐聊天，可是陈姐说自己有事要忙。婷婷又找其他的同事聊天，可是和她聊过一两次以后，大家都不愿意再和婷婷聊天了。婷婷很郁闷，想要改这个毛病，可是总是改不了。

要点解析：在与他人交谈过程中，不随意打断他人的话是最基本的礼貌。

人与人的表达能力和说话的语速是不同的，有人口若悬河、滔滔不绝，有人慢条斯理、吞吞吐吐。试想，如果一个不轻易发言的人，好不容易想表达一些观点，你突然间打断，必然会扰乱对方的思路，使对方讲话的欲望降低。

人与人说话的方式不同，语气态度也是千差万别，有人犀利，有人温和。如果你因为难以接受对方的态度和观点，便去随意打断别人说话，会显得急躁，欠缺风度。无论在哪种场合，说话沉不住气都是不可取的。

即使想要反驳对方，或者对对方的观点做一些补充，也不应该打断对方，懂礼仪的人都懂得让对方把话说完的道理。

专家支着：与他人谈话时要尊重对方

1. 与他人谈话时，给别人说话的自由，并让别人把话说完，是对对方最基本的尊重。

2. 如果想插话，应该等到别人说话告一段落结束时再开口。

3. 在集体讨论时，想要提醒别人，或是表达什么看法的时候，可以事先用手势示意。

不探听别人的私密谈话

经典案例：小刘最近被一家广告公司聘用为策划助理，工作了将近1个月的时间，小刘自认为自己的工作表现不错，并且也和同事们混得很熟，非常满意自己的新工作。一天中午吃完饭时，小刘碰到了两名其他部门的同事，他们正站在走廊里谈论着什么，表情还很神秘。小刘好奇心很强，便热情地与他们打招呼，故作神秘地问："你们在聊什么好事呢？听说你们部门的奖金额度特别高，还能经常和一些大的集团客户接触，是不是公司又有什么新动向啦？"

小刘这句话搞得这两位同事既尴尬又无奈，只好和他闲聊了几句无关痛痒的话，之后便借故离开了。

要点解析：对别人的私密谈话感兴趣，于是就想探听个究竟，这样的人是十分不受欢迎的。

对别人隐私过分热衷，极力想了解别人私密谈话内容的人，会给人留下好奇心重、缺乏教养的坏印象。与这样的人共事，会令别人觉得缺乏安全感，担心自己的隐私安全。

不侵犯别人的私人空间是一种最基本的礼仪，对别人隐私有旺盛的好奇心，在哪里都不会受欢迎。

专家支着：对他人的谈话应该谨记以下几点

1. 如果他人在谈话时明显做出不希望他人加入的姿态，千万不要表现出好奇的样子。

2. 应该克制自己想探究别人话题的想法。

3. 不要对一些聚在一起的小团体探头探脑。

不懂装懂总会招来他人厌恶

经典案例："小李，去把我桌面上的合同样稿给这个号码传真过去！"周一上午，某科技公司的营销部门正在开会，部门主管张总写下一串数字递给新人小李。小李刚毕业，才到公司实习了3天，从没用过传真机。走出办公室，他赶快用手机百度传真机的用法。

找到文件打印出来之后，小李在办公室里转了一圈，没有找到传真机，想问问同事，发现大家似乎都很忙，又不好意思问，怕打扰大家，给公司同事留下不好的印象。

小李转了两圈，在每个人的办公桌前探头探脑，终于引起了同事小林的注意。得知小李半天没找到传真机，小林向边上的电脑桌上一指，“那个就是！”一台机顶盒大小的白色盒子放在桌子上，盒子上没有输入号码的地方，只有几个黑色的按钮，这和小李印象中的传真机相去甚远。拿着盒子看了两圈，小李束手无策，但还是不懂装懂地研究着。小林觉得好笑，实在看不下去他这个样子，只好自己去帮他操作传真机了。

要点解析：在谈话中，不懂装懂，通常会惹出笑话或者带来尴尬，很可能会使自己难堪。

对一件事不懂装懂，在搞不清状况的人面前，也许能蒙混过关。但是，在经验丰富的人面前，便原形毕露了。对某些事情不懂装懂，是极力掩饰自己知识缺乏、见识不够的表现。说得越多，缺点便暴露得越快。

同时，不懂装懂是不诚实的表现，被对方发现后，会令对方怀疑你的品质。

专家支着：面对不懂的问题应该做到

1. 对于自己不明白的问题，应谦虚地向他人询问求证。

2. 对于自己没有听懂的解释，可以适当深入询问。

3. 对于不了解的问题，应明确表示不了解，不要随意作答。

交流中不要当自吹自擂的“蛤蟆”

经典案例：一个青年人参加同事举办的聚会时，与坐在身边的一位女士不断谈论自己父亲的权势。刚开始，这位女士勉强听着他的吹嘘，但这位青年越说越尽兴，女士已经极度厌烦了，最后一气之下说了一句：“能让我的耳朵休息会儿吗？”

这种现象绝非个例，许多人在谈话过程中，常常不注意自己的谈吐，或吹嘘，或胡乱言论，从不想想自己究竟在讲些什么，为什么要讲，怎么讲等。而讲话不思考、无准备，或文不对题，常常会给人一种浅薄之感，令人非常厌恶。这种现象在面对陌生人时，很容易展现出来。

毫无疑问，在各种不同的交谈对象中，自吹自擂的人令人感到厌烦无比。

要点解析：在任何场合中，喜欢自吹自擂的人，都不会得到他人的认同和尊重。在工作场合，很难赢得对方的信任，更不要提深入合作了。

自吹自擂的人通常有两种：一种是狂妄自大、目中无人，另一种是因为过度自卑。狂妄自大地用这种方式表现自己的强大，自卑的人用这种方式掩盖自己的不自信。自吹自擂的危险之处还在于十分容易穿帮，大话说出去容易，但是可能会需要更多大话来圆，这是十分麻烦的。

有这样表现的人，会令人觉得浮夸，难以令人信服。作为下属，将得不到信任；作为领导，会难以树立威信。无论工作还是私人交往，这样的人很难给人留下好印象。

专家支着：与人谈话时切忌自吹自擂

1. 应以谦虚为本，忠于事实。

2. 有自知之明，不说不了解的事情，不夸大自己的能力和见识。

3. 尽量避免使用“绝对”“没错”等过于肯定的词汇。

劝说他人要讲究方法

经典案例：张老爷子每天“杯不离手，酒不离口”。在今年一次体检中，医生发现他肝部出现了病变，嘱咐他戒酒，但老人依然。老伴儿好言相劝，老爷子不听，老伴儿只好让两个儿子出面做工作。大儿子性格耿直，一进门就打机枪似的说：“爸，您要还这么喝，不听医生的话戒酒，有个三长两短，可别怪我们……”老爷子听后非常生气，把他轰了出去。几天后，小儿子回来了。一见面，老爷子就说：“你又是来劝我戒酒的吧？”“爸，看您说的，我可是来陪您喝酒的！”小儿子斟了满满的一杯，递给老爷子，“不过，这是我最后一次陪您老喝酒了！”“最后一次？”老爷子大吃一惊。“是啊，医生说我有酒精肝、脂肪肝，不能喝了，可酒这东西，我舍不得啊！”爱子心切的老爷子一听，连忙说：“再舍不得也要戒啊！”“戒什么戒，医生说的话也不一定对啊！我看您老喝了一辈子酒，身体不是照样好好的吗？爸，我真羡慕您老啊！”小儿子端起杯子，美滋滋地喝了一口。“你是不知道啊，不瞒你说，我肝也喝坏了，医生也要我戒酒呢！前天还和你妈、你大哥为这事生气哩！”老爷子支支吾吾，摆了摆手说，“从今天起，咱们爷俩一起戒酒，怎么样？”于是，父子俩说话算话，真的把酒给戒了。

要点解析：劝说他人的时候，虽然你的本意是好的，但也要讲究方法，把握好时机。如果不视情况而定的话，即使你的劝说能力再强，收到的效果也是有限的。

如果别人经过长期考虑后，已经打定了主意，这个时候你上前劝说，对方一定会忽略；如果别人正情绪激动，完全听不进去话，你的劝说也是白费口舌；如果对方此时正烦恼，你的劝说他人会无暇顾及。

因此，劝说别人一定要找好时机，不要做无用功。

专家支着：劝说别人要找好时机

1. 应该选择他人心平气和的时候，对别人进行劝说。

2. 不应在有众人在场的时候，对人进行过度劝说。

3. 应该在他人时间充裕，地点允许的情况下进行劝说。

适时保持沉默，给交流留些空白

经典案例：“适当地保持沉默，在职场上是十分必要的。”这句话被韩松视为至理名言。起初，韩松认为一个面面俱到的员工，才是好员工。但是他的啰唆经常会使他周围的人变得异常紧张，很快他便成为他们厌烦的对象与不愿意靠近的人。

后来，韩松经过反思与沉淀，在职场上变得成熟了许多。他换了工作，在与同事和领导相处以及交流时，总是言简意赅地表达自己的看法，然后适当保持沉默，留一个宁静的空间给别人好好思考。韩松如今终于可以游刃有余地游走于职场。这证明，懂得沉默也是一种能力。

要点解析：当别人都在专心听某人发言的时候，如果有人在下面对别人品头论足，可想而知，会给他人留下多么不好的印象；在开会的时候，大家正聚在一起讨论某个棘手问题的方案，有人不经过缜密思考就贸然发言，便会让人觉得是在卖弄；在与朋友的谈话中，喋喋不休，不顾对方意见，一定会引起对方不满。

所以，在谈话中，适时保持沉默是一门学问，也是与人沟通必备的技能。

专家支着：与他人交谈过程中应该谨记以下几点

1. 应该多思考，并且懂得倾听。

2. 他人发表意见的时候，应该专注倾听，并做出反馈。

3. 多人交谈时，应在他人说话时保持适当沉默，以示尊重。

交谈中应忌讳过于亲密的敏感话题

经典案例：在李晶的公司里，有位男同事不知道是出于无知，或者出于好奇，或者出于其他什么原因，每次和李晶聊天的时候，总有意无意地问她："你交过多少男朋友""你现在的夫妻感情如何"等触及隐私的问题，这让李晶感到非常不好意思，也非常反感。李晶很纳闷，这位男同事怎么这么无聊。所以李晶通常选择不回答，但是他总会继续制造出新的话题，比如说："你这人看起来好神秘哦，李小姐不像一个没有故事的女人。"听到这样的话，李晶心烦不已，只好一声不吭地表示厌恶。

要点解析：在谈话中随意插入不宜公开谈论、令别人不好意思的话题，会让在场的人感到尴尬。

在多人聚会中，如果有人肚子不合时宜地咕咕叫了几声，你马上就此话题展开发言，当事人必定十分尴尬，大家也会觉得不太舒服。当着男性的面，讨论女性话题，对方会觉得不自在。不分场合地谈论女性的身材和年龄等敏感话题，或是成人话题，都会让人觉得十分不得体。

在谈话中随意插入令别人不好意思的话题，这并不能显示你的性格大方，反而会令人觉得你粗俗，缺乏教养。

专家支着： 在谈话时要选择合适的话题

1. 不要谈论他人隐私。

2. 不要使用粗俗的词汇句子。

3. 应避免不宜公开谈论的敏感话题。

不要谈论陈旧无聊的话题

经典案例： 罗刚的同事中，有一个同事非常喜欢和别人聊天。但是这个同事不仅没有赢得他人的好感，反而令人觉得俗不可耐，十分无聊。

在他看来，这个同事为了给他人留下一个好的印象，便让自己的话语里堆满华丽辞藻，乱用一些专业术语，这反而显得矫揉造作，华而不实。但是，这位同事太不与时俱进了，谈论的都是已经过时的话题。往往他认为的时尚热点，其实大家已经味同嚼蜡了。

罗刚的这位同事，给人的感觉就是废话连连，啰哩啰唆，一味单调。给人感觉他是一个知识面窄、社交能力差的人。很多同事都私下里说，和这个人根本交流不下去。

要点解析： 在与他人的谈话中，总是谈一些陈旧无聊的话题，很难引起别人的兴趣。这对你与他人的交流毫无益处。

谈论陈旧话题的人，给人一种不思进取、跟不上时代的印象。还会让人觉得在没话找话，并没有真诚地交流。在工作之余和同事谈论陈年旧事，对方会觉得你无趣。和新结交的朋友聊天时谈无聊的话题，对方会觉得你拘谨、古板。

总之，谈论陈旧无趣的话题，会给人带来厌烦的情绪，很难在社交中受到欢迎。

专家支着： 与他人谈话时，话题选取的技巧有

1. 平时适度关注时事、社会热点、趣闻逸事，会为你增加谈资。

2. 每隔一段时间更新你的知识面、话题库，跟上时代潮流。

3. 与别人聊天的时候，应注意对方都在谈论什么新鲜话题，与他人同步。

谈论别人喜欢的话题

经典案例： 由于工作原因，盖瑞需要给美国哥伦比亚大学的肯特教授打一个电话。可是，肯特教授的冷漠是出了名的，很多记者、名人想要拜访一下肯特教授都非常困难，更不要说是一个推销电话了，一分钟不到，电话绝对会被挂断。

但是，盖瑞做到了。这主要取决于他成功的开场白。

盖瑞："哲学家培根曾经对做学问的人总结过一句妙语，他把做学问的人比喻成三种动物。"

"有意思，哪三种动物，你说来听听。"肯特教授好奇地问。

"第一种人好比蜘蛛，他的研究材料不是从外面找来的，而是由肚里吐出来的，这种人叫蜘蛛式的学问家；第二种人好比蚂蚁，堆积材料，但不会使用，这种人叫蚂蚁式的学问家；第三种人好比蜜蜂，采百花之精华，精心酿造，这种人叫蜜蜂式的学问家。教授先生，按培根的这种比喻，您觉得您属于哪种学问家呢？"

这一番问话，立刻激起了肯特教授浓厚的兴趣，两人的谈话就此展开。

要点解析： 在谈话中，投其所好无疑是最简单的讨人喜欢的技巧。谈论他人不喜欢的话题，即使你的话再多，讲述再绘声绘色，也难以引起他人的兴趣。

和非专业的人谈论文学、哲学，和十几岁的少年谈企业发展，和女性谈论恐怖故事，这些很可能都会令对方感到不适。

谈论他人不喜欢的话题，结果只能是令原本想与你交往的人打消想法。

专家支着： 与别人谈论话题时应注意

1. 在谈话过程中，应注意对方对话题的反应，并适时做出调整。

2. 在谈话过程中，可以自然地询问别人的兴趣爱好。

3. 平时应留心大部分人喜欢什么话题。

批评别人要把握分寸

经典案例：在学校里，同学们都认为周老师是一个非常严厉的老师。学生们在她面前都表现得很拘谨、很胆怯，甚至都不愿意与她交谈。

周老师觉得自己很委屈，学生犯错的时候，批评他们难免有些严厉，但她也是为了学生着想，完全出自好心。周老师觉得正是因为对这些孩子负责任才会对他们要求这么严格的，谁有了错误，她都是毫不留情地给予批评。但结果却适得其反，这使她很沮丧。后来，教导主任提醒她，让她尝试着在批评学生时适当掌握分寸，也许会有新的发现。

于是周老师决定这样做。在星期一的上午，她换了一套活泼鲜艳的衣服，来到学校时也没有忘记在自己脸上洋溢出灿烂的微笑。突然，一个足球重重地打在了她的后背上，吓了她一跳。她回过头，看见调皮的男同学惊恐地从地上捡起了球，低头站在她的面前。要是以前，周老师一定会狠狠地训斥他一番，但她想到主任的话，只是温和地告诉他在玩球的同时，也应该注意不要伤害到他人和自己。果然，学生很容易就接受她了。

要点解析：批评他人一定要把握分寸，态度过火就容易变成攻击，容易让自己的好意变成他人眼中的恶意。

有时候，尤其是在工作场合，批评的本意是希望对方在工作上有所提高，结果却变为了声讨对方的能力和智商。在生活中，有时候想提醒对方错误的做法会使他走弯路，结果话一出口成了讽刺对方无知。这些例子，都是将批评变为了攻击。

不得不说，批评有时能使人进步，但也使人产生抵触情绪。批评他人不讲求方法，便演化为攻击，很容易造成负面影响。

专家支着：批评他人时要注意以下几点

1. 要就事论事，做到对事不对人。

2. 要避免人身攻击对他人造成伤害。

3. 批评他人时，不要上升到人品道德高度。

提建议要切合实际

经典案例：王曼今年刚刚高考完毕，成绩不是十分理想，勉强过二本分数线。得知分数后，家中的亲朋好友们都七嘴八舌地给王曼提报什么学校的建议。有人建议，既然没考上一本，不如学点技术，好就业，也有人建议她复读。七嘴八舌的建议让王曼十分头疼，而且都是一些不切实际的建议，除了让人徒增烦恼，什么作用都没有。王曼的父母也对亲友们这样盲目提建议的行为很反感，但是碍于面子，只能一笑而过。

要点解析：给他人提建议，有的时候会给他人带来很大的帮助。但是，若提的建议不切合实际，便很难收到良好的效果。

举个例子，当你看到有人发生意外，当时在场围观的人，包括你自己在内，都没有条件施救。这时候，你如果建议别人救人，自然是一个不合时宜的建议。再比如说，当你不了解对方身体健康状况的时候，便盲目建议他多做运动，那么效果就很可能会适得其反。

所以，提建议不切合实际，不仅浪费自己和他人的时间，还会给他人平添困扰。适合自己的东西，并不一定适合他人。所以，给他人提建议要谨慎，要符合对方实际情况。

专家支着：给他人提建议时要注意

1. 所提建议应该保证切实可行。

2. 给他人提建议之前，应对对方、事件以及背景环境有所了解。

3. 给他人提建议时，应多站在对方角度考虑问题。

不必在非原则性问题上与他人纠缠不休

经典案例：快下班了，几个男同事聚在一起谈论电脑游戏。

刘峰问了句："你玩英雄联盟的时候 FPS 值是多少？"刘峰本来是

想对比下自己的电脑改装后性能是不是要比他的电脑好一些。结果那位同事说："什么FPS？不懂！"刘峰答："就是每秒输出游戏画面数值，在右上角就可以看到。"这位同事兴致正高，就说："你不懂游戏别瞎掺和。"刘峰有些生气："你连这个都不知道，还号称'盟主'说自己会玩游戏呢！"那位同事一听，激动地说："我都玩多少年游戏了，什么没见过！"二人就为一个小小的问题吵了起来，还是周围的同事对他们说："又不是什么原则问题，没必要争论不休。"这场争端才停止。

要点解析：在非原则问题上，实在没必要和他人争个高低。若是总对这样的问题纠缠不休，可能会让人觉得你太过计较。

和朋友讨论各自喜欢的电影或电视剧时，你坚持向对方推荐你喜欢的，但对方却说自己更喜欢另外一部，这时候如果你对对方的选择嗤之以鼻，抱怨对方不懂欣赏，对方一定很不满意，可能以后都不愿意和你交流喜好。在工作中，别人并没有违反规定，只是用另外的方法处理问题，如果你极力阻挠，坚持用自己的方法，对方会觉得你死脑筋、不讲究方法，自然难以对你保持尊敬。

专家支着：与他人的意见发生冲突时应注意

1. 讲道理要有根据，不能感情用事，不能过于片面。

2. 对于无关大局的小事，应持宽容态度。

3. 为人做事要灵活，对于他人的意见要包容。

切忌在不明是非之前乱传闲话

经典案例：世界上有一种最可怕的话那就是"我听说"，更有这样一种人以传话作为活着的最大乐趣。这种人总喜欢关注张三李四的动向，并在第一时间把这种动向传播给全天下的人。小雪最近就遇到了这样的人。

小雪在国外上学，住的地方是租来的民宅。一天，她在社交网络上给朋友留言，说自己一年后会转学。结果被某个室友看到了对话内容，这个女生爱管闲事，便把这件事情告诉了小雪的房东。

这本来也不算什么大事，但是这个女生传话的时候传错了内容，她说小雪下个月就会搬家。房东是个急性子，也没来问她，就急急忙忙找了个新租户签约了。

小雪大费了一番口舌，才和房东解释清楚这件事。从此，她便很少和那位室友说话了。

要点解析：不明是非，却积极地做传话筒，是十分令人反感的行为。

在公司中听到一些风言风语，便第一时间向同事大肆宣扬，可能会引发一场风波；听到某人的一些未经证实的传言，便向他人传播，不管真假，都是对当事人的伤害。不明是非地乱传话，如果最先放出消息的人不怀好意，你就成了他的帮手。这样一来，别人会认为你头脑简单，容易被利用，以后很难得到他人的信任。

专家支着：传播消息时应谨记

1. 应保证传播信息的准确性。

2. 不要养成传播小道消息的习惯。

3. 应该保密的消息严格保密，切勿外传。

不对自己不懂的事情随便发表意见

经典案例：众所周知，公关是一门综合学科。与它关系较密切的学科，是新闻、广告，还有营销。但在很多人眼中，这个行业有着种种神秘色彩。

杨颖毕业后进入了国内一家知名公关公司，由于她自身素质极高，所以工作起来如鱼得水。她十分喜欢自己的工作，但是，她也有烦恼的时候。因为很多初次见面的人得知她的职业是公关时，他们都会面露暧昧之色。还有人会说："一个女孩子家，还是不要做这么危险的工作才好。"

杨颖每次听到这种话都很无奈，也为这些无知的人感到悲哀。她很想对他们说，不懂的事情就不要随便发表意见，免得贻笑大方。

要点解析：对某件事情发表意见之前，一定要先了解这件事情。如果任意发表看法的话，很容易出现疏漏。

如果自己对这件事的认识只限于道听途说，为凑热闹而盲目地发表意见，很容易断章取义，给别人造成困扰；如果自己无权参与某件事，轻易地发表看法便是越权行事，引起上司的不满；如果别人对某件事需要独立思考，有人对其随意发表意见，便会令人反感。

随意发表意见，不仅有喧宾夺主的嫌疑，还会令人觉得你见识浅薄，莽撞无礼。

专家支着：发表意见时应该注意

1. 对于自己不了解，或者不在自己职责范围内的事，不要随意发表意见。

2. 不宜发表意见的事情，保持沉默更好。

3. 对容易引起他人误会或是引发争议的事情，要谨慎发表意见。

开口前要先清楚身处的场合

经典案例：中午放学后，在餐厅买饭的同学排起了长龙。李冬和赵越等了好久才买到饭菜。就在这时，英语老师给李冬打来电话，让她马上去办公室一趟。因急着去老师办公室，李冬就把饭盒放在赵越手上，请她帮忙带回教室。赵越接过饭盒往外走，哪知道上台阶时不小心滑倒，饭撒了一地。赵越本想再去给李冬买一份，但一想到还有那么多人在排队，就打消了这个念头。

李冬回到教室时，赵越愧疚地对她说："真不好意思，我把你的饭撒了！"李冬一听，很是生气，当着同学们的面数落起赵越来："唉，你真是太粗心了。上次元旦晚会排节目，要你去租盘光碟，你却在途中把光碟弄丢了，害得我们没用成光碟，还要赔人家钱，这回又……"赵越红着脸，小声地说："要不，你吃我的吧，还有两个包子！""什么破包子，里面的馅都是垃圾肉！怪不得你长这么胖，原来你爱吃这东西！"李冬不顾周围的同学，如此揭短，赵越很是难堪，"啪"的一声，她把包子摔在桌子上，扯着嗓门儿喊："你爱吃不吃。实在不行，我赔你钱还不行吗？"赵越一边说，一边把钱扔了过去。从那以后，赵越和李冬形同陌路，谁也不搭理谁。

要点解析：说话要分场合，这是基本常识。说话不注意场合的人，一般被称为"不会说话的人"。

不懂说话分场合的礼仪，很容易引发麻烦。比如，在公共场合揭人短，一定会令对方窘迫愤怒；在别人的婚礼上对新娘子的长相评头论足，在场的宾客一定会觉得反感；在别人的寿宴上询问主人疾病状况，很可能会被批评；而在葬礼上不严肃，胡乱说话，别人一定会认为你故意捣乱。

说话不注意场合，会引起别人心理上的不适，甚至引发争执，造成与他人关系破裂的局面。所以，在说话之前，一定要考虑清楚：在此种场合中，这句话当说不当说。

专家支着：说话时要注意场合

1. 在不同的场合，应注意说话的内容和要点。

2. 在不同的场合，说话的方式和态度要适当变化。

3. 在不同场合应谈论不同的话题。

轻易许诺难免会招惹是非

经典案例："去年领导在职工大会上承诺当年大家收入要增加多少，可根本就没有兑现，这不是瞎糊弄人吗？今后领导说的话谁还信啊？"小刘最近遇到友人，谈起单位情况时，总是牢骚地说道。

友人听了之后，为了宽慰小刘，便开导他，类似承诺难以兑现的事例并不少见。承诺难以实现，可能有多种原因。绝大多数人当初许下承诺，真的是抱着必然实现的决心，他们的出发点是好的，实际情况不允许其实现罢了。

过后，小刘思考这件事，越发觉得言而有信是为人之道。因此，应时刻注意自己的语言，谨言慎行，不轻易许诺。否则，就有可能自己搬石头砸自己的脚。夸夸其谈能博得一时的掌声，却换不来长久的信任。

要点解析：想要许诺时一定要深思熟虑。

比如，朋友让你帮他办件事，你不考虑自己是否方便，想也不想就一口答应下来，结果根本办不到；同事让你合作做某事，你在自己能力不允许的情况下，就满口应允，结果把事情搞砸了。这样随意许诺的事情时有发生，而结果必然是导致他人对你的失望和抱怨，很有可能会失去对方的信任。

许诺事关人品和别人对自己的信赖，万不可不假思索，随口应承。

专家支着：向他人许诺时应时刻牢记

1. 自己做不到的事情不要轻易许诺。
2. 自己不想做的事情不要轻易许诺。
3. 违反相关法律法规以及危害他人安全和利益的事不要许诺。

切忌当众告诉别人关于他的坏消息

经典案例：午饭过后，小吴正和几个同事聊天。这时，人事部的小马过来了。他先是故作神秘地环顾四周，然后又神秘兮兮地凑到几人身边说："我告诉你们一个大秘密。"接着，小马的眼神看向小吴说："中午我和领导开会，领导对你这次的提案很不满意，简直是火冒三丈。小吴，你这次可要倒霉了，我还从来没看见过领导发那么大的火呢！"小吴听了这话，当场就愣住了，在座所有人的目光都集中在了小吴身上。小吴感到十分羞愧，连忙笑了笑说："我知道了，天有不测风云啊。"随后，挠了挠头，转身走回了自己的工位，场面十分尴尬。

要点解析：当众告诉别人关于他的坏消息，其效果不亚于你制造了坏消息。

当众告诉某人他的坏消息，无疑是当众在他的伤口上撒盐，对方由坏消息带来的痛苦会更为剧烈且难以消除；当众告诉某人他的坏消息，对方会以为你想和许多人一起看他难堪的样子，对方会认为你故意让他丢脸；当众告诉某人他的坏消息，看热闹的人们会认为你幸灾乐祸、居心不良。

专家支着：告诉对方坏消息时应该注意

1. 对于关于个人的坏消息，应该在单独面对他的时候告知对方。

2. 告诉对方坏消息后应安慰对方。

3. 如果坏消息很重大，告诉对方前应给对方充分的安慰和提醒。

书信邮件往来　不能忽略的礼仪

给别人写信字迹要工整清晰

经典案例：小周很久没有收到过别人写的信了，因为如今无论是私人往来还是公务往来，绝大多数人使用的都是电子邮件。所以，当她这一次收到合作单位寄来的手写信件时，感觉有些惊讶，还有些赞许。不过，这样的好感在小周开始阅读信件的时候马上破灭了。这封信的字迹潦草，排列也不工整，十分不认真。虽然是很特别的手写信件，但给人的感觉是例行公事，丝毫感觉不到真诚。这封信小周大致浏览过一遍之后，就丢在了一边，没有再想起来过。

要点解析：给他人写信，字迹潦草是十分不礼貌的表现。

给关系亲密的人写信，如果不注意字迹和措辞用语，相当于敷衍；给上级写信，字迹潦草、书写马虎，会给上级留下工作不认真的印象；给下级写信或写批示，字迹不工整，是不能以身作则的表现。

总之，私人信件不认真书写，说明自己做事拖泥带水，邋遢随便。

公务信件字迹杂乱，则说明自己办事不妥当、不负责，所在单位管理不到位。

任何人收到需要费力才能看清的信都不会愉快，所以，这是写信最忌讳的。

专家支着：写信时应该注意以下几个方面

1. 应该保证字迹工整、清晰。

2. 不要在同一封信上使用两种字体、两种信纸或两种颜色的墨水。

3. 要认真，尽量不要涂改。

写信时要注意格式

经典案例：周一上午，李老师收到了已经毕业的学生寄来的信和明信片。拿起信的时候，李老师感到很欣慰。她一直带高三毕业班，这些年来教出的学生，大多数都考入了不错的大学，成为栋梁之材。收到他们的信，李老师仿佛也感受到了他们意气风发的青春气息。

拆开信件，李老师想看一看是哪位学生写的，便先去找落款。结果，落款处只写了日期，并没有看到姓名。李老师接着看信，开头没有称呼，一句简单问候之后便进入了正文，写到中间处才自报家门。李老师看完信后有些哭笑不得，她心想：都是大学生了，写信还是不知道格式是怎样的，这是不是我这个做语文老师不称职呢？

要点解析：因为电话、传真机和电子邮件的普及，越来越多的人已经忘记了写信的格式。不注意写信的格式，如不写称呼、乱写落款、不分段等，都是不标准的。

写私人信件时，如果对方是你的亲人或好友，也许不在乎有没有格式、合不合格式，但若对方不是亲友，收到格式乱七八糟的信，心里一定会不乐意；如果你通过信件来联系供应商、投资对象、合作伙伴等，或者向上级单位或下级单位发公务文件，不注意书写格式就会影响工作的进展，你也会被别人认为是工作不负责、待人不真诚的人。

所以，格式对于一封信来讲尤为重要，不可忽视。

专家支着：写信时要注意格式

1. 一封完整的信应该包括称呼、问候语、正文、结尾、落款和日期。

2. 书信的称呼要顶格写在第一行。

3. 书信的问候语要根据收信人的身份和与自己的关系来写，最后的结语也是如此。

写信要长短适宜

经典案例：张檬的老家通信不是很发达，只能依靠寄信。离开家3年多的她，对家中十分牵挂，原本有很多话想说，但是当她提起笔给家人写一封信的时候，却不知道该从何写起。

除了问候父母，并询问家中一切是否都好之外，张檬实在想不出还能再写一些什么。于是，在盯着信纸发了半小时呆之后，她将这封仅写了寥寥数语的信，装进信封寄了出去。

张檬父母收到女儿的信十分高兴，迫不及待地拆开阅读，却发现只有短短几行。张檬的母亲先是一愣，继而很是伤感：她不知是不是女儿长大了，不再惦记父母了，不然怎么会写信也是如此敷衍，没有什么贴心的话说呢？

要点解析：不仅信的格式重要，写信的长短也是有学问的。

有的人写信，寥寥数语，好像发一封电报般简短。有的人写公文，却长篇大论，且只写几件小事。这两种做法令人很无奈，都是十分不合适的。

信件不是电报，不必惜字如金。但信件也不是长篇小说，不必连篇累牍地重复描述一件事。

写信要长短适中，不要走两个极端。

专家支着：写信时要注意长短

1. 写信时应该根据内容定字数，最少也不应低于二百字。

2. 写信时应本着长话短说的原则，不要使用啰唆的话语。

3. 不要把文字写到信纸的最顶端和最下端，要给信纸留出“天”和“地”。

给不熟悉的人写信不可太亲密

经典案例： 小韩最近刚刚写完一部剧本，由于她写作经验不算丰富，便想听一下别人的意见，看看哪里还需要润色和修改。想来想去，她想到了一位在当地文坛颇有名气的老师。这位老师是小韩在编剧培训班时认识的，小韩和他说不上多熟，但想到自己毕竟是他的学生，他应该会帮自己这个忙。为了让老师无法拒绝，小韩用很熟络，甚至可以说是亲密的语气给这位老师写了一封信，并寄去了剧本的影印版。

这位老师收到信后，感到十分尴尬，毕竟自己和小韩并没有那么深厚的交情。但他还是给小韩提出了建议，并回了一封一丝不苟的修改意见。小韩似乎感觉到了什么，当她下一次再给这位老师写信的时候，便十分注意自己的口吻，以表示对老师的尊重。

要点解析： 给不熟悉的人写用词过于亲密的信件是违反礼仪常识的做法。

刚认识一名异性没几天，就写言辞暧昧的信给对方，对方一定会感到很不适应，甚至觉得你太过“奔放”；领导给下属写信时使用昵称称呼对方，下属非但不会感到受宠若惊，反而会感到莫名其妙；为了请别人帮忙而在信中落款“你的某某”，对方一定会感到索然无味。

给不熟悉的人写亲密信件，非但无法表达对他人的尊重，反而会让别人觉得自己不受尊重，并且因此引起对方误会。严重时，原本存在的联系也可能中断。

专家支着： 给不熟悉的人写信时要谨记

1. 给不熟悉的人写信，不要使用亲密的称呼。

2. 给仅仅有业务关系的异性写信，不要在信中使用暧昧的话语。

3. 给一般关系的朋友写信，不要将自己的昵称作为落款。

不可将私人信件公之于众

经典案例：有一位作家，在他年轻的时候，曾与一些他十分信任的朋友保持通信。在这些信件中，除了探讨文学，还谈及了隐私，包括他在事业低谷时发出的倾诉和求助。然而，在这位作家英年早逝之后，他的有些朋友，出于各种考虑，开始不断地将他写给他们的信公之于众，毫无保留。

于是，这位作家的隐私全部暴露在读者面前。而且他的那些因不满意而未出版的文字，也被人一一整理出来出版。这样的行为引发了许多读者的不满，大部分人认为，将他人的私人信件公之于众，是十分不道德的行为。

要点解析：一般情况下，信件属于私人物品，不适宜公之于众。

失恋后，将过去恋人的情书公开；与某人闹矛盾后，将其写给自己的倾诉秘密或痛苦的信件曝光；无意中发现借来的书里夹着主人的信件，自作主张地传阅给他人看……这样的行为令人深恶痛绝。

如果你无意中发现他人的私人信件并将其公开，则这是对写信人与收信人双方的不尊重；如果你故意找别人的私人信件并将其公开，你的行为已经超越了不礼貌，并涉嫌犯罪。

专家支着：对于私人信件应该正确处理

1. 对待自己写的信和自己收藏的私人信件，应同等尊重和爱护。

2. 不要用公开私人信件的方式对别人进行报复。

3. 未经写信人与收信人双方同意，不要将自己保管的他人的私人信件公开。

收到信件后要及时回复

经典案例：小丁和小贾同时收到了好友的来信，二人都十分高兴，并打算分别给这位朋友回一封信。小丁在当天夜里完成了回信，并于第二天清晨寄了出去。而小贾则认为不急，过了一周才将回信寄出。他们的朋友在收到小丁的回信时，还很奇怪为什么没有收到小贾的，于是第二次寄信的时候，就只寄了一封。在接下来的书信往来中，由于小贾收到信后回复得不及时，所以朋友与他通信的频率远不如小丁。慢慢地，小贾开始感觉与这位朋友关系有些疏远，他询问小丁，小丁却不这样认为。这让小贾感到有些奇怪，却又不知道这其中有着怎样的奥秘。

要点解析：收信人收到信后不回复，对于写信人来讲，可能是一件难以原谅的事情。

如果对方的信件内容紧急且重要，不回信就会耽误事情，甚至让你永远无法弥补；如果对方与你关系密切，不回信会使对方盲目等待，徒增烦恼；如果对方与你刚刚相识，不回信就使对方认为你不肯与之交往；如果对方是亲朋好友，不回信就会使对方担心你的状况，使其增加心理负担；如果是公务、商务信件，不回信就可能导致信誉危机，或被别人认为没有效率、规范。

可见，收到信后不及时回复，是十分不得体的。

专家支着：收信后回复时要注意

1. 收到信后应根据信的内容进行回复。

2. 如果信件内容十分重要，可采用电话等形式回复。

3. 回复信件要及时。

不可用传真机发感谢信和邀请函

经典案例：林硕毕业于某大建筑学专业，之后继续读研，专攻学术。最近，林硕的一篇文章被国内某专业期刊收录。对于林硕来说，这个期刊十分权威。文章被接收以后，林硕很激动，于是，他打算给编辑回封感谢信。当他仔细研究了感谢信的格式并认真写成之后，给那位编辑用传真发送了过去。出乎他意料的是，编辑迟迟没有回应。林硕心中疑惑，按理说编辑收到信应该会及时回复，这样毫无反应是为何呢？

过了几日，当他和同学谈起这件事，同学惊讶地说："你怎么能用传真发感谢信呢？这样显得太不重视。而且，很有可能对方太忙，根本没注意到这样的传真。"林硕这才恍然大悟，原来感谢信是不能用传真发送的。

要点解析：传真机在办公中会起到很大的作用，但是，传真机在很多时候是不能滥用的。

使用传真机发感谢信和邀请函，会使这些表达感谢和邀请的信件显得不够正式和庄重，更无法体现出对感谢对象和邀请对象的重视和尊重。因为使用传真机发的感谢信和邀请函无法保证纸张的质地，以及内文的清晰、美观，很容易出现污渍和字迹模糊的情况，这也是对感谢对象和邀请对象的不尊重。另外，用传真机发送私人信件和秘密文件也是不允许的。

专家支着：发感谢信和邀请函时要注意

1. 感谢信和邀请函应该亲自送达或以邮寄的方式送至对方手中。
2. 写感谢信和邀请函时，用纸、格式和语言都要比普通信件更讲究。
3. 写感谢信和邀请函要真诚，不要使用空话、套话。

不可用普通信纸写商务信件

经典案例：苏小姐就职于一家私企。在她看来，与国企和外企相比，私企在很多方面都是十分随意的，并没有太多必须遵守的章程，所以在工作中，她常常十分随意。一次，经理让她给某合作公司写一封询问函，沟通业务往来。但是，一向随意惯了的她，竟然忘记了写询问函要用商务信纸，只是用了普通的信纸。幸好经理及时发现，否则，很可能会惹出不必要的麻烦。经过这次的教训，苏小姐在写商务信件的时候，一板一眼，再未犯过错误。

要点解析：用普通信纸和信封写商务信件，是不讲礼仪的行为。

首先用普通信纸和信封写商务信件，会降低你所在单位的档次和可信度，也会降低信中所述事件和内容的重要程度。用普通信纸和信封写商务信件，说明写信人对收信人不尊重、不重视、不礼貌、不真诚。收信人会觉得你所在的单位不正规、实力不足，甚至怀疑发信人有欺骗的动机。如果用普通信纸和信封商谈重要合作事宜，成功的可能性很小。可见，商务信件往来重视门面，只有用专用的商务用笺和信封才能发挥效用。

专家支着：写商务信件时要谨记

1. 应使用专用的商务用笺和信封。

2. 商务信件的信纸和信封质量应讲究，没有瑕疵。

3. 字迹一定要清晰，语言和格式要精准。

不可用公务信纸写私人信件

经典案例：周五，小陈一周的工作早已完成，他想找点什么事做。忽然，他看到了工位上放着一沓商务信封和信纸。信纸是单位这周派发的，自己还没有使用，于是他取出几张信纸写起了私人信件。这封信是写给自己的朋友的，洋洋洒洒写了两页纸。写好后，小陈将它们装进了信封，打算下班后寄出。这时候，恰好部门领导过来向小陈询问工作进度，看到了小陈桌子上的信封，上面写的是私人地址，领导面露不悦，稍稍皱了皱眉。小陈感到十分尴尬，连忙将信扔进了抽屉。虽然领导并没有说什么，但小陈感觉十分尴尬。

要点解析：用公务信纸和信封写私人信件，无论从哪一方面来看，都是不合适的。

从收信人的角度来讲，用公务信纸和信封写私人信件，会让收信人有种公事公办的感觉，不利于私人情感的交流；从公司角度来讲，用公务信纸和信封写私人信件是对公司的不尊重，也是对公务资源的滥用和浪费，说明你爱占小便宜。如果被领导知道，你的人品在他心目中必定大打折扣。如果你用公务信纸和信封写求职信，相信没有哪个单位愿意接收这样无视公司利益的新员工。

专家支着：写私人信件时应注意

1. 不应滥用公务、商务的信纸和信封。

2. 不应假借单位名义写私人信件。

邀请函中要写明聚会的细节

经典案例：小欣要在这个月组织一次烤肉聚会，于是他提前给几位同事发去了邀请函。由于没写过邀请函，小欣就按照自己的理解，只写了被邀请人名字和地址，关于聚会的详细内容并没有写得十分详细。这让收到邀请函的同事们一头雾水，纷纷给小欣打电话确认具体事项。小欣一天接了十几个电话之后，终于意识到自己的邀请函写得太不细致了。

要点解析：邀请函是联系你与被邀请人的纽带，需要认真对待。

邀请函最需要注意的要点，就是要尽量详细地介绍客人所需要了解的所有派对信息。通常必须包括以下几点内容：

1. 派对的具体时间、日期和持续的时间。

2. 派对的地点。

3. 参加聚会的对象和具体日期，回复对象和截止日期。

4. 需要携带的物品。

5. 服饰的要求，如举行化妆派对的穿着。

总之，邀请函一定要做到详细，不能让人产生疑惑。

专家支着：寄收邀请函应注意

1. 如果选择正式手写邀请函和邮寄的方式，可以提供一些回复邀请函的灵活选择。

2. 收到邀请后要及时回复。

3. 可以通过电话或者邮件回复邀请。

聚会前要提前给朋友发送邀请函

经典案例：小吕的婚礼定在了两个月后，于是全家人都忙碌了起来。

在婚礼前，他们想组织一次小型的派对，来招待朋友圈中共同的好友。于是，夫妇二人便着手忙了起来。

一切准备妥当，婚礼喜帖也都发出去了，小吕和妻子才意识到，二人只顾着忙，竟然忘了寄派对邀请函。二人连忙连夜写好了邀请函，于第二天发出。但是由于邀请函发得太晚，很多外地好友没有赶上这次婚礼前的派对，十分遗憾。后来在婚礼上，这些朋友们纷纷罚新郎酒，才算了事。

要点解析：邀请函的寄送时间，是有讲究的。

应该尽可能早地给朋友寄送派对邀请函，最理想的时间是在聚会的前 3 ~ 6 个星期。这样，可以保证邮政系统有足够的时间来递送邀请函，确保客人能够收到，同时客人也有足够的时间来回复邀请函。

专家支着：发送邀请函时要注意

1. 在临到聚会前向朋友发出邀请函是极不礼貌的做法，可能会让对方觉得你是临时找他去凑个数。

2. 发送邀请函的时间也不能太早，以免对方遗忘。

不随便转发无聊的邮件

经典案例：小杨假期后第一天上班，打开邮箱，发现里面堆满了各种各样的邮件。她先是大致浏览了一遍，然后分轻重缓急一一回复。大概回复了一上午，觉得眼花缭乱。

就在这时，她在最底部发现了一封好友写来的邮件。小杨有些好奇，从来不喜欢发邮件的好友，会给自己发些什么呢？她怀着好奇打开邮件，结果，在下一秒情绪就变成了无奈。这是一封转发的邮件，从地址可以看出她转发给了好多人。邮件内容十分无聊，无非就是收到不转发接下来几个月会一直倒霉之类的。小杨心中有些不快，觉得转发这些无聊的东西非常烦人，于是狠狠地点下了鼠标，删除了它。

要点解析：当你收到一封觉得很有趣的邮件时，可以非常容易地转发给别人。你只需要用鼠标点击邮件联系人通讯录，很快这封有趣的邮件就转发到别人的邮箱里了。但是，当你有同别人分享这封邮件的想法时，一定要先考虑转发的内容是什么，打算转发给谁。

首先，没有经过他人允许转发邮件可能会涉及保密问题，特别是在邮件的底部有申明这封邮件禁止转发的保密要求时。而且如果你收到一封要求保密的邮件，最终却将这封邮件转发给了别人，那么你将置对方和你自己于尴尬的境地。

其次，想一想自己所收到的转发邮件。你是不是喜欢收到这些邮件呢？或者你收到标题上写着转发的邮件，是否只是眨一下眼睛，然后直接删掉呢？自己的邮箱里面装满了转发的邮件，会是什么感受？

专家支着：转发邮件前要注意

1. 检查邮件是否要求保密。

2. 不要把可能引起尴尬的邮件转发给他人。

收到电子邮件要及时处理

经典案例：葛女士是一家外贸公司的职员。有一次，她在一个展会上认识了一位客户，双方简单地交谈了一番，互留了联系方式。葛女士回到公司后，给这位客户发了封邮件，报了价格，客户很快回复了，并让葛女士寄样品给他。恰好葛女士这一天很忙，隔了一天才回复客户邮件。她告诉客户，公司只发少量样品，并且告知客户，运费要自己出。但是，这封邮件发出之后，客户就没有再回复她的邮件了。

葛女士对这个客户很看好，不想就这么白白失去合作机会，便向有经验的前辈求助。前辈告诉葛女士："首先，你的态度不够积极，既然是展会上的客户，合作的可能性也比较大。如果客户要求寄一些样品，而你们公司的产品金额不是很大，可以考虑多寄一点不同款式的样品，运费可以让客户支付。最重要的就是，你回复邮件的态度不是很好，没有及时回复，导致给客户的第一印象不太好。如果客户对你失去信任，随之就会失去合作的可能性。你现在赶紧想办法挽救一下，兴许还有回转的余地。”

葛女士听了这话，连忙给客户又发了一封邮件，并亲自打电话确认，这才挽回了客户。

要点解析：对电子邮件采取不予理睬的态度是不可取的。

不回复电子邮件，可以省却一些垃圾邮件带来的麻烦，但是也给等待你消息的邮件发送者带来了麻烦。如果对方有求职、应聘的目的，不予理睬可能会让你错过一个人才；如果对方是咨询、探讨的目的，不予理睬可能会让你失去一个伙伴；如果对方的信件是公务，不予理睬可能会让你错失良好的合作机会，或被认为渎职；而不回复私人信件，更会被人误解为难以接触，不懂礼貌。

所以，除广告邮件外的有价值的邮件，一定不要放置一旁，不予理睬。

专家支着：收到邮件后应该学会分类处理

1. 对于普通邮件，可以设置自动回复，以便对方确定自己的信已经发出并被你收到。

2. 对于重要邮件，应该在收到后以最快速度回复。

3. 对于所有有必要回复的邮件，都要认真对待。

发送电子邮件也要尊崇一定礼节

经典案例：戴老师是大学物理学专业的任课老师。新学期伊始，戴老师给学生们下发了任务，写两篇小论文作为作业和考核依据，并公布了自己的电子邮箱。随后，他总共收到学生的电子邮件 246 封。他对这些邮件的合格性做了粗略统计，结果如下：书写形式完全合格的邮件 32 个，约占邮件总数的 13%；书写形式基本合格的邮件 79 个，约占邮件总数的 32%；书写形式不合格的邮件 135 个，约占邮件总数的 55%。他采用的合格标准不高：有抬头，写清姓名、学号，写明作业名称，有落款。可是，大多数听课学生没有做到。主要问题是：一是信件没有任何说明，仅以附件形式发作业；二是没有抬头，连一声“老师”都没有；三是没有落款，不知此件为何人所发。戴老师收到邮件后，最大的困惑是不知哪位学生交了作业。查看发件人吧，学生们用的基本上都是网名，看完整个邮件，还是搞不明白是谁发来的。只有打开附件，才能弄清作者是谁。

“如今，大部分大学生不知道怎样给老师发邮件，写信！”戴老师在个人微博上发出这样的感慨。在戴老师看来，学生之所以写信不规范，是没有人手把手地教过他们，或是学生本身不注意，对礼仪的必要性认识不足。

要点解析：很多人写的电子邮件十分不规范，这样做是不得体的。

使用色彩鲜艳的信纸模板和字体，使用太大或太小的字号，会让电子邮件看起来眼花缭乱，缺乏严肃性；不使用敬称或称呼，不注明落款，会让电子邮件看起来太过随便，缺乏规范性；在电子邮件中插入与信件内容无关的图片和音乐，会使其看起来不伦不类、不简洁、不缜密。

电子邮件虽然不需要动用笔墨纸张和信封邮票，但也是与人往来沟通的重要桥梁，不能不讲礼节。

专家支着：写电子邮件时应该有一定的规范

1. 电子邮件也应该像手写信件一样有问候语和结语，应有相应的格式。回复私人邮件时可以稍微忽略格式，但也不能太马虎。

2. 写电子邮件时不要使用太花哨的文本修饰功能。

3. 写电子邮件时不要使用网络流行语，商务、公务电子邮件更要保持语言的规范和准确。

谨慎选择回复全部邮件

经典案例：凯文是一名外企员工，有一次，他负责接待一个挑剔的客户。双方谈判了很久，在价格上一直无法达成共识。在那半个月中，他每天上班第一件事，就是和对方互通邮件，打探进展。那段日子，老板催得紧，对方无限期拖延，搞得凯文每天焦头烂额。直到有一天，在他们通过十几封邮件后，他的邮箱里忽然出现了一封机密信函，上面有这家公司讨论他们公司的报价的详细经过，包括各级老板的回复意见、他们预期争取的价格，还有准备对付凯文公司的具体计划。凯文欣喜若狂，心中暗想，这下好了，掌握了对方的底线，就成功了一大半。果然，后面的事情做得极其顺利。那个项目谈完，老板对凯文刮目相看。

之后，凯文仔细研究了这封邮件的来龙去脉，终于发现，发给他这封邮件的人一定是在某次疏忽之下按了“回复全部”，才把信不小心传到了他的手里。也真怪不得他，之前双方往来的邮件实在太多，而且所有的邮件题目都是一长串相似的字符，看起来很容易混淆。凯文的邮件发给对方以及他的老板后，他的老板也回复了他，还有他们公司的财务以及更多人。之后，对方公司内部还讨论了很多问题，他就沿用那些几经回复的信件，继续发给凯文询问。这个人初期一直把这项工作做得有条不紊，哪些人在收件人一栏里，哪些人在抄送栏里，从不混淆，直到有一次，在这么多个类似标题的邮件里，他终于迷失了，点下了“回复全部”。

回复邮件时谨慎使用“回复全部”——这是凯文从他的客户那里学来的宝贵经验。

要点解析：需要特别注意的是，回复全部邮件是一个容易引发麻烦的举动。

有的人发送公务邮件时图省事，点击“回复全部”，以此期待每个相关的人都能收到电子邮件。但是同时信件也被发送到了你邮箱通讯录中其他无关人员的信箱里。对于其他人而言，你的多余的回复邮件就是垃圾邮件。如果你回复的邮件事关机密，点击“回复全部”则是泄密。

所以，“回复全部”这一功能，要谨慎使用。

专家支着：发送邮件之前要检查以下几个方面

1. 应该检查一遍收件人和发送方式是否正确。

2. 对于内容需要保密的电子邮件，应该单独回复，区别对待。

3. 检查收信人地址是否正确。

要根据实际情况选择邮件附件的使用

经典案例：小李毕业于某大网络设计专业，今年刚刚毕业，正在求职。最近一星期，小李已经数不清向多少招聘邮箱投过简历和设计作品了，但是都没有收到回应。

在这些公司中，有一家是小李十分心仪的。和之前那些海投简历不一样，小李特别制作了视频简历，并且选择了自己最满意的作品，发送到了招聘邮箱。小李自认为符合这家公司的要求，应该可以得到面试机会，但等待了一个星期，还是音信全无。

小李很失落，以为是自己能力不够。但实际上，这家公司收到了小李的邮件，且注意到邮件内有一压缩附件。这家公司的人事专员苏小姐对于带有附件的电子邮件处理很谨慎，并且，小李并没有对附件添加特别说明，所以，苏小姐没有看就当作垃圾邮件处理掉了。正是因为这样，小李才迟迟得不到回应，从而错失了一个可能属于他的机会。

要点解析：有些人可能不知道，发电子邮件时随便使用附件是不恰当的行为。

有人只写了几句话，内容中并没有任何图片或大容量的其他格式的文件，使用附件是多此一举，有小题大做之嫌。有人不按照对方的要求使用附件，会让对方误以为是垃圾邮件，收到后看都不看就删除。这样你发送的邮件就失去了价值。

转发附件更要谨慎，因为在传播的过程中可能会带来电脑病毒。故使用附件要多加注意，不可随便乱用。

专家支着：使用附件时应注意

1. 对于表明不接收附件的单位和个人，不要使用附件发信。

2. 邮件内容不多时，尽量不要使用附件。

3. 确定附件的安全性。

必要的时候使用隐蔽副本发送邮件

经典案例：心怡是某外企人事专员，她每天要收发很多封工作邮件。入职之初，她分不清直接发送和隐蔽副本发送的区别，一律选择直接发送，因此造成了很多困扰。后来，一位老同事告诉心怡，隐蔽副本发送是个很实用的功能。隐蔽副本发送简称密抄。假如你一次向成百上千位收件人发送邮件，最好采用密抄发送方式，这样一来可以保护各个收件人的地址不被其他人轻易获得，二来可以使收件人节省下收取大量抄送的电子邮箱地址的时间。心怡听了之后感觉十分受用，在工作中避免了很多误区。

要点解析：对于电子邮件最为方便的发明就是隐蔽副本。通过隐蔽副本，你可以将同一封邮件发送给很多人，而他们并不会看到这封邮件的所有发送地址，而邮件的顶端也不会出现众多地址。如果邮件顶部有很多地址，就需要滚动鼠标很久才能够看到邮件内容，这会让时间紧张的收件人觉得厌烦。

当你要给很多人发送邮件时，最好使用隐蔽副本的形式发送。但是你需要在邮件中说明：如果回复邮件，请点击“回复”，而不要点击“全部回复”，以免将回复信件发送到所有收件人的信箱中。

专家支着：使用隐蔽副本需要注意

1. 使用隐蔽副本，以此避免给对方带来麻烦。

2. 使用隐蔽副本时最好提醒对方，回复邮件时点击“回复”，而不是“全部回复”。

3. 同一邮件发给很多人时，一定要谨慎。

工作中使用邮件要遵守公司规定

经典案例：调查显示，拥有互联网入口的员工会把1/4的工作日花在电子邮件上。当然，并不完全是为了工作。80%的员工表示，他们会在工作时接收和发送私人邮件，而且有一半用的是公司邮箱。根据法律规定，使用公司邮箱发送的电子邮件属于公司资产，因此，雇主有权利进行阅读。有55%的公司表示，会对员工的电子邮件进行监管。

不仅是工作邮箱，在上班时间使用私人邮箱发送私人信件，也应当尽量避免。重庆一家保险公司的办公室主管李先生称，自己就支持公司利用网络管理软件进行规范管理，帮助员工进行自我约束。李先生称，公司现在不仅可以监控员工的私人邮箱使用状况，还屏蔽了QQ、微博、淘宝网等聊天工具和网站，但中午休息和下班后是可以正常使用的。李先生还表示，在使用网络管理软件的同时，公司已经明文告知了所有员工。

要点解析：现在，有些公司使用了监控装置，专门通过电脑来监控员工使用网络的情况，当然包括邮件。如果你知道雇主反对工作时使用私人邮箱，那么请遵守这个规定。如果上班时间允许使用个人邮箱，那么不要给同事发送过多的没营养的笑话和闲言碎语。你上班主要是为了工作，并不是和同事分享有趣的信息。尽管转发邮件给朋友是非常容易的事情，但最好还是在家里使用个人邮箱发送此类信息。

专家支着：工作中使用邮箱要注意

1. 如果你是公司的新员工，在工作中使用邮箱前要先了解公司的相关规定。

2. 即使公司允许使用个人邮箱，也不要随意发送一些与工作无关的邮件。

3. 工作邮箱和私人邮箱混用会引起不必要的麻烦，建议将两者分开。

图书在版编目（CIP）数据

无师自通社交礼仪 / 刘文秀著 .—3 版 .—北京：中国法制出版社，2019.9
ISBN 978-7-5216-0481-8

Ⅰ . ①无…　Ⅱ . ①刘…　Ⅲ . ①社交礼仪 – 通俗读物
Ⅳ . ① C912-49

中国版本图书馆 CIP 数据核字（2019）第 186739 号

责任编辑：吕静云（lvjingyun0328@sina.com）　　封面设计：汪要军

无师自通社交礼仪
WUSHI-ZITONG SHEJIAO LIYI

著者 / 刘文秀
经销 / 新华书店
印刷 / 三河市国英印务有限公司
开本 / 710 毫米 ×1000 毫米　16 开　　印张 / 12.5　字数 / 167 千
版次 / 2019 年 9 月第 3 版　　2019 年 9 月第 1 次印刷

中国法制出版社出版
书号 ISBN 978-7-5216-0481-8　　定价：45.00 元

北京西单横二条 2 号　邮政编码 100031　　传真：010-66031119
网址：http://www.zgfzs.com　　**编辑部电话：010-66054911**
市场营销部电话：010-66033393　　**邮购部电话：010-66033288**
（如有印装质量问题，请与本社印务部联系调换。电话：010-66032926）